こう
きるリーダーは、
話す

浅川智仁

PHP

はじめに　リーダーは、「話し方」が命

自分で言うのもなんですが、かつて、私は「最悪のリーダー」でした。


それは、私が26歳の頃。

新宿の歌舞伎町にビアホールを立ち上げるプロジェクトのいっさいを任されたことがありました。

そのとき、私は、取引先の業者さんたちから相手にされず、従業員たちからも総スカンを食らうという事態に陥ってしまったのです。

開店後は店長になりましたが、従業員たちのモチベーションはまったく上がらず、朝礼では、私が1人、怒鳴《どな》り散らし、空回《からまわ》りを続けていました。

私が孤立した理由。

それは、私がリーダーとして絶対にやってはいけないことをやっていたから。

そして、私の言葉が、周りにいっさい届いていなかったから……。

断言します。

リーダーにとって、「言葉は命」です！

チームのメンバーたちに、何を、いかにして伝えるか？

それによって、あなたのチームは、良くも悪くもなる。

当時の私は、まだ、そのことがわかっていませんでした。いや、頭では理解していたけれど、何をどう伝えればよいのかが、まったくわかっていなかったのです。

こんにちは！　浅川智仁《あさかわともひと》と申します！

私は現在、「営業指導」に特化した研修事業とコンサルティング事業を法人向けに展開する会社、ライフデザインパートナーズ株式会社の代表取締役をやらせていただいています。

事業内容は、ひと言で言えば「営業という世界における、現代の松下村塾《しょうかそんじゅく》」でしょうか。

26歳のときに、リーダーとして総スカンを食らった私ですが、現在は企業のリーダーとして、社員を率いる立場になったわけです。

さて。

本書を手に取られたあなたは、たぶん、「リーダー」と呼ばれる立場にあり、少なからず、部下やチーム員への「話し方」について悩んでおられることと思います。

リーダーになった経緯は、おそらく、さまざまでしょう。

- **係長になり、はじめて部下を持つことになった。**
- **上司から「プロジェクトリーダー」に任命され、チームを率いることになった。**
- **アルバイト先で主任になり、年上の従業員に指示を出さなくてはならなくなった。**
- **起業して、会社のトップになり、人を雇った。**
- **他社とジョイントベンチャーを行なうことになり、チームビルディングが必要となった。**

それなのに……。

「自分の思いが部下たちにうまく伝わらない」

「プロジェクトメンバーが自分の言うことを聞いてくれない」
「チーム員が年下の自分に反発してくる」
「社員たちが、まるでやる気になってくれない」
など、頭を悩ますことだらけ！
まるで、ビアホール時代の私のように……。

本書は、私がリーダーとして「泥だらけ」「汗まみれ」になりながら、メンターや先人たちに学び、さらに実体験で知り得た、**「チーム員の心をつかみ、成長させる、リーダーの話し方」について、その神髄《しんずい》をお伝えする1冊**です。

本の構成は次のとおり。

プロローグ　本物のリーダーとは？

私が「リーダーのなんたるか？」を知った、リーダーたちからの教え。さらに、リーダーとしての私の大失敗と、その体験からの「学び」についてもお伝えします。

第1章　チーム員の心をつかむ、リーダーの話し方

いかにしてチーム員の心をつかむか？　チーム員との面談では何を話せばよいのか？　などについてお伝えします。

第2章　チームのやる気を引き出す、リーダーの話し方

チーム員のタイプ別のモチベーションの上げ方、やる気を引き出す質問の方法などについてお伝えします。

第3章　チーム員に自信を持たせる、リーダーの話し方

チーム員を褒《ほ》めるときのポイント。「自信がない」というチーム員への話し方などについてお伝えします。

第4章　チームをまとめ、成長させる、リーダーの話し方

チーム員を1つにまとめ、成長させるための話し方、厳しい状況の伝え方などについてお伝えします。

第5章　チームの目標を達成させる、リーダーの話し方

リーダーがチームの目標を達成させるために果たすべき役割、リーダーとして最初の大仕事、そして、最後の仕事などについてお伝えします。

「組織というのは、リーダーの伸びた影だ」という言葉があります。

チームは、良きにつけ悪《あ》しきにつけ、リーダーであるあなた自身が反映され、あなた色に染まっていく……。

そして、**チーム員を「あなた色」に染める絵の具は、「あなたの言葉」**です。

どうかこの本で、「リーダーとしての言葉づかい」を学び、あなたのチームを、素晴らしい「あなた色」に染めていってください。

浅川智仁

できるリーダーは、こう話す ● 目次

第2章

チームのやる気を引き出す、リーダーの話し方

第3章 チーム員に自信を持たせる、リーダーの話し方

第4章

チームをまとめ、成長させる、リーダーの話し方

第5章 チームの目標を達成させる、リーダーの話し方

編集協力――西沢泰生
装幀――小口翔平＋大城ひかり（tobufune）

プロローグ　本物のリーダーとは？

本物のリーダーと、肩書だけのリーダーの違い。

私はこう思っています。


本物のリーダーは、「時間と空間のベクトルが大きい」。


「時間と空間のベクトルが大きい」とは、どういうことでしょうか？

たとえばスティーブ・ジョブズは「宇宙にインパクトを与えたい」と言っていましたし、孫正義氏は、「300年先を見通して仕事をしている」とおっしゃっています。

一流のリーダーは、見ている空間と時間がけた外れに大きいのです。

「戦《いくさ》に勝つため」の旗印、「風林火山」を旗印にしていた武田信玄と、けがれた今の世の中を浄化して、この世を極楽にしたいという意味の旗印、「厭離穢土欣求浄土《えんりえどごんぐじょうど》」を掲げていた徳川家康。

すでに、ビジョンの大きさで、天下取りの勝負はついていたのですね。

リーダーは大きなベクトルで未来を語るべし！

人はそれに魅了されます。

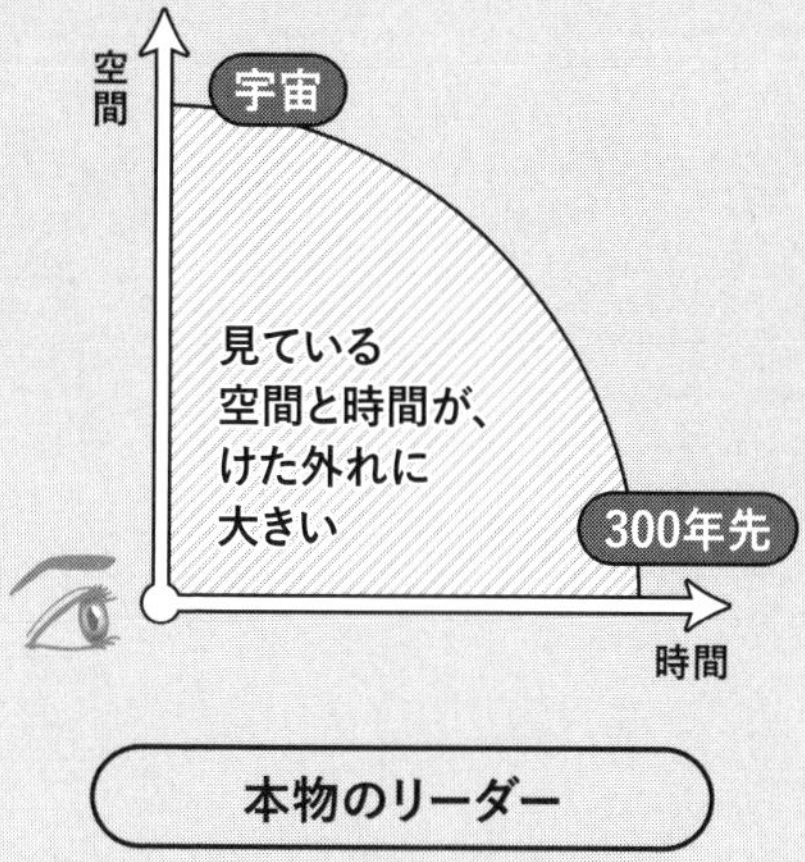

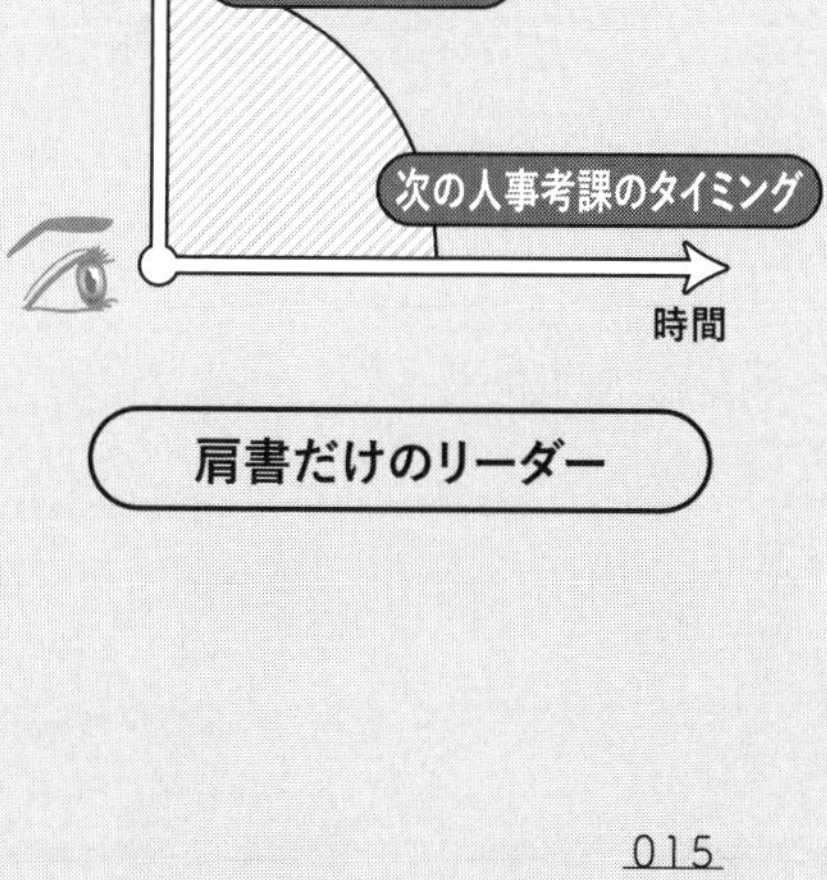

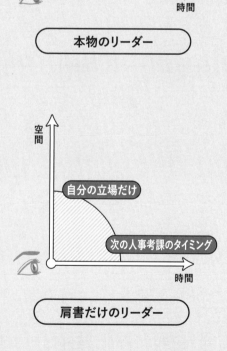

◎「リーダーとは何か？」を教えてくれた人たち

私にとって、最初に「リーダーのあり方」を教えてくれたのは、父と伯父、そして父の叔父でした。

父は清里でスーパーを営む経営者。避暑のためにやってくる私の伯父とは、よく歴史上のリーダーや大河ドラマの話をしていて、当時の私は、そんな2人の話を聞くのが大好きな小学生だったのです。

ところで、高校生のときに実の父親（私にとっての祖父）を亡くした父には、母（私にとっての祖母）の弟である叔父さんが父親代わりでした。父が青年会議所の理事長に就任したときに、その叔父さんが父に贈った言葉は今も忘れません。

「リーダーとは、やりたくてもできないものだが、やりたくなくても、やらなければいけないものだ」

この言葉は、今も私の座右の銘の1つになっています。

大学時代、貿易英語のサークルで史上初の2年連続幹事長としてブイブイいわせていた頃。私は、本物の「大人のリーダー」と出会いました。

その方は韓国人で、東京の新大久保に韓国料理店が立ち並ぶのはこの人のおかげ、というカリスマ経営者。父のお供で、その方との会食に参加した私は、あろうことか、その方に議論をふっかけたのです。しかも、靖国問題というタブーについて。

その場の空気が凍りつくなか、その方……キム社長は私の膝をポーンと叩くと、こう言ったんです。

「君、すごいな！」

日本人は、とかく自分の意見をなかなか言わないものなのに、こういう場で、こんなことを言える君はすごい……と。私がキム社長に惚れた瞬間です。

その出会いから数年後。父の会社が倒産して、私は、なんと、そのキム社長の会社で社長秘書としてお世話になることになりました。まったく、縁とは不思議なもの。

キム社長は、秘書となった私の言葉をいつも真剣に聞いて可愛がってくれました。

何かの機会に、こんな質問をしたことがありました。

「社長は、どうして、こんな僕のことを買ってくれるんですか？」

この質問に対するキム社長の回答は明快でした。

「あなたが、歴史と哲学を勉強していたからだ。リーダーになるためには、歴史と哲学を語れなきゃいけないんだよ」

この言葉は、私に大きな自信を与えてくれました。

◎人生最大の失敗体験

「はじめに」でも触れた、私が「最悪のリーダー」を演じてしまった、ビアホールの立ち上げは、このキム社長から任されたものです。

企画書は無事に通ったものの、準備を始めてみると、業者さんの呼び方すらわからない。

なのに、「なめられちゃいけない、なめられちゃいけない」って、そればっかり考えているから、わかりもしないのに偉そうな態度をとる。あっという間に四面楚歌《しめんそか》です。

とうとう、ある日。私より少し年上のコーヒー会社の営業の方に、「すみません。僕、何もわからないんです」と、本音を漏らしました。

そうしたら……。

「浅川さん、みんなわかってましたよ」

このひと言を聞いたら、なんだか急に吹っ切れて、仕事の進め方とかを素直に聞けるようになりました。でも、私の失敗はこれだけで終わらなかったんですね。

結局、そのままビアホールの店長を任されたのですが、ここで、最悪のリーダーを演じてしまったのです。

何しろ、1日の売上が4000円なんていう日もあって、もう、店内はガッランガラン。当時の私は、社長秘書と兼任でしたから、9時から5時までは秘書業務、6時から次の日の朝6時までビアホール勤務と、1日に20時間くらい働いていました。

疲れと焦りから、ビアホールの朝礼では、毎日のように「なんで、できないんだよ！」「やる気がないなら辞めろよ！」と、上から目線で吠《ほ》えていました。

あるとき、バックオフィスにいて、店員が無駄話をする様子を店内カメラでチェックしていた私は、その店員を呼びつけてクビにしたことがありました。

もはや、身の毛もよだつ恐怖政治。そんな殺伐とした空気が漂うビアホールに、お客さんが集まるわけがないって、今ならよくわかります。

この状態を見かねたキム社長から店長の座を外されたのは、店長就任後、わずか1カ月半でのこと。

この最悪のリーダー体験は、私にとって大きな学びでした。

当時の私は、場あたり的に日々の売上にイライラしていただけ。未来へのビジョンも希薄で、リーダーにとって大切な「時間と空間のベクトルが大きい」という条件をまったく満たしていなかった……。

勢いだけでリーダーが務まるのは学生時代が限界だと、骨身に染みたのです。

◎リーダーの手本になった人との出会い

やがて、キム社長の会社を離れた私は、営業の世界に身を投じました。

そこで、メンターともいうべきリーダーと出会ったのです。

それは、T支部長。私にとっては直属の上司。

T支部長は、私のことを認めてくれて、入社7カ月目には「主任にならないか?」と声をかけてくれました。ビアホールでの体験から私が固辞すると、こう言ってくれたのです。

「浅川君。僕は『今の君にできる能力がある』からお願いするんじゃないんだよ。将来的

に、君ならそういうことができるようになってくれるだろうと、その可能性を感じるから任命するんだ。だから、勉強しながらやっていこう」

つまり、私の未来を見てくれたんですね。

T支部長は、部下の1人ひとりに敬意を払い、部下の未来まで考えてくれる方で、私はリーダーのあり方について、本当に多くのことを学ばせてもらいました。

チーム員の全員に、「このリーダーと一緒に仕事をしたら、人生得だな」って思ってもらえるリーダーが本物のリーダーだと気がついたのもこの頃です。

世に「鉄鋼王」として知られたアンドリュー・カーネギーのお墓には、こんな言葉が刻まれています。

「**自分より賢き者を近づける術《すべ》知りたるもの、ここに眠る**」

リーダーは、自分が一番賢くなくてもいい。自分よりも賢き人たちに、「浅川と働きたい」「浅川と一緒にいたほうがいいよね」と思ってもらえればいい。

ここまで考えが至って、私は「話し方」だとか、「伝え方」だとかという、コミュニケーションにかかわる心理学などをおおいに学ぶようになったんです。

キム社長の言葉、「リーダーになるためには、歴史や哲学を語れなきゃいけないんだよ」が、このときになって、ようやく腑《ふ》に落ちました。**リーダーには、「人間を学ぶのにもっとも適した学問」である「歴史」と「哲学」が必要なのです。**

では、いよいよこれから、「時間と空間のベクトルが大きいリーダー」「部下たちが、このリーダーのためなら……とついてきてくれるリーダー」になるための本題へと入っていきます。

まず第1章では「チーム員の心をつかむ、リーダーの話し方」についてお話ししていきましょう。

第 1 章

チーム員の心をつかむ、リーダーの話し方

面談での話し方1

同情の言葉より、未来への言葉

第1章では、「チーム員の心をつかむ、リーダーの話し方」についてお話しします。

リーダーはいかにして、チーム員の心をつかめばよいのか？

私は、**リーダーがチーム員の心をつかむのに、もっとも有効な方法は、「面談」である**と思っています。

私が、「リーダーのお手本」にさせていただいたT支部長も、やはり、定期的に部下と個人面談を実施していました。

実は、何を隠そう、私がT支部長に魅せられたのも、初めてT支部長との個人面談をしたときの会話がきっかけだったんです。

それは、ひととおりの質疑応答が終わって、そろそろ面談も終わりかな、というタイミングでした。T支部長がこう聞いてきました。

「仕事の話というのはとりあえずこれで終わりです。あと、何か個人的に私が知っておいたほうがいいことや、個人的な何かがあれば聞くけど、何かある？　別に言いたくなければ言わなくてもいいよ」

実はそのとき、私は、父の会社が残した2000万円の借金を、自分がかぶろうか、どうしようか、という微妙なタイミングだったんです。それで、もしかしたら、たとえば銀行との交渉などで、突然、山梨に帰らなくてはならない日があるかもしれないので、話しておいたほうがよいかな、と考えて打ち明けることにしました。

「あの、支部長。ちょっと個人的な話なんですけど……」

そう前置きをして、父の借金のことや、それを自分でかぶるかどうか、少し迷っているという話をしました。

すると、私の話を聞き終わったT支部長は、開口一番こう言ったんです。

「それは浅川君、やったほうがいいよ！」

T支部長は、なんと、私に父の借金をかぶるべきだと。

「浅川君、それは、自分の徳を積むためにも、かぶったほうがいい。2000万円なら、ウチの会社で売れて、トップセールスになれば、すぐに返せるから。実を言うと、私も自分の借金を返すためにこの会社に来たんだけれど、簡単に返せるから！　一緒に頑張ろう！」

リーダーは、未来を指し示してくれる存在

もう、この言葉を聞いて、「うわっ、この人なんだ!?」と。

一発で惚《ほ》れてしまいました。

だって、2000万円の借金の話をしているのに、「えっ、そんなことがあったの！」と驚きもしないし、「それはたいへんだね」なんて同情もしない。

ただ、もう「絶対にやったほうがいい！　徳を積もう！」と……。

私は、このときのT支部長から学んだ個人面談での姿勢、「**同情はしない。共感をする**」を、今でも社員と面談するときの基準にしています。

たとえば、個人面談で、なかなか売れなくて悩んでいる社員が泣いたとしても、同情はいっさいしません。

「泣いて売上が上がるんなら泣きな。でも、泣いても何も変わらないなら、泣くよりも、これから売れるためにどうするかを考えるほうがいいんじゃない？」

そう言って、一緒に「これからどうするか」を考えるようにしています。

ドライに聞こえるかもしれませんが、売れないことを嘆く相手に対して、「**だから、何？**」**「僕は今、同情するために面談をしているんじゃないから」**と思うようにしているのです。

「悩んで仕事がうまくいくなら、悩むのもいい。でも、うまくいかないなら、悩んだって意味がないんじゃない？　数字を上げるために、今、面談してるんだよね？」と。

「逆選択のワナ」といって、人間というのは、つい、やりたい目標にたどりつかないことばかり考えるクセがあるんです。「売上を上げたい」って思っているのに、つい、同情を集めたがる。同情を集める暇があったら、売上につながる方法を考えればいいのです。

ですから、リーダーは面談で、「ヘタな同情」ではなく、ズバッと、**未来を指し示す言葉を伝えてあげるべき**だと、私は思っています。

POINT

面談では、「ヘタな同情」より「未来を指し示す言葉」

面談での話し方2

面談での大鉄則

チーム員の心をつかむうえで、面談を重視していた私は、「チーム員との1対1の面談」を、とても大切に考えていました。

営業会社時代に、福岡で支店長をしたときには、毎月月初に、20人近い支店員全員に対して1人ずつ面談をしたものです。

会社によっては、個人面談は、年に1度とか、半期に1度というところもあると思いますが、私は毎月やりました。1人につき2時間くらいかかることもありましたから、面談だけで、月のうち3日くらいつぶれることもありました。

でも、その**3日間をつぶすことで、残りの20日間がスムーズにいくなら、そっちのほうが効率的**だとわかっていたのです。

さて、ここで「面談における鉄則」についてお話しします。
それは、極論すれば、たった1つ。**「約束を守る」**ということです。

チーム員にとって、一番ショック……というか、頭にくるのは、「面談するよ」と言っておきながら、その約束をやぶるリーダーです。

「話を聞くよ」「相談に乗るよ」「わからないことがあったら、いつでも聞いて」と言っておきながら、いざ、チーム員が声をかけると、「今、ちょっと手が離せないんで」と言って約束をやぶる。「面談をやる」と言ったのに、それを実行しないようなリーダーは論外です。

そういうリーダー、あなたの周りにもいるのではありませんか?

約束どおり面談をやったらやったで、面談でチーム員と交わした約束は、歯を食いしばってでも守らなくてはなりません。

面談のときに、「ちゃんとフォローするから頑張ろう」と言ったら、実際にこまめにフォローしなければ約束やぶりです。約束は、行動で示さなければ守ったことになりません。

私も、面談でチーム員と交わした約束は、絶対に守るように心がけています。

「朝令暮改《ちょうれいぼかい》」も、宣言しておく

面談での約束は、必ず守るのが鉄則。

というわけで、私は、面談で、次のようなことを伝えることがあります。


「朝令暮改になる可能性もあるからね」


よく、部下たちから、こんなふうに言われている上司っていませんか？

「あの部長は、言うことがコロコロ変わるからなぁ」

これ、上司の立場からすると、市場の変化や会社の状況によって臨機応変に指示が変わるのは当然のことなんです。

ただ、「なぜ指示が変わったのか」の説明がないから、部下たちからすると、「コロコロ指示が変わる人」に見えてしまう。

そこで、私は、あらかじめチーム員にこんなふうに言っています。

「今、言っていることは、今の時点でのジャッジだから、もしかしたら、今月末には変わっているかもしれないけど、それはわかっていてね」

こう伝えておけば、「朝令暮改」が「約束」になります。結果、指示内容が変わっても、約束をやぶらなくてすむわけです。

第2章のコラムで「綸言汗《りんげんあせ》の如《ごと》し」という言葉を挙げていますので、ご覧ください(125ページ参照)。

リーダーの言葉は、言ったが最後、取り返しがつかない。

感情に流されて、「もっとしっかりやれよ、馬鹿野郎!」と言ってしまって、あとから、「あのときはオレ、イライラしてたから」なんて言っても、もう遅い。

チーム員との個人面談には、その覚悟を持って臨むのが鉄則です。

POINT

リーダーは、面談での「約束」を必ず守る

面談での話し方3

面談に、「条件づけ」をする

リーダーとしてチーム員と面談をするときに大切なこと。

「約束を守る」ことともに、もう1つ大切なのは、「この面談は何を目的にしているのか？」という「条件づけ」を行なうことです。

ふたたびドライな言い方をすれば、**「リーダーとの面談は、友だち同士の雑談ではない」**ということです。

話をして、お互いに気持ちよくなるだけでは、懇親会と変わりませんよね。

貴重な時間を費やす意味がありません。

ただの雑談にしないためには、「問題を解決する」とか、「来月、より良い仕事ができるようにする」とか、**面談の出口を決めることがとても大切**になります。

ですから、私は、面談の最初に、「今日の面談の出口は、先月クリアできなかった目標を、今月いかにしてクリアするかを決めることね」と、露骨に宣言することもあります。

そうやって、着地目標を明確に「共有」してから面談を始めるのです。

最後に、自分で「宣言」をさせる意味

そうやって、出口を決めた面談で、「先月、目標未達だった原因は何なのか？　じゃあ、何が課題で、今月はどうしたいのか？　何をすればいいのか？」を話し合う。

そして、面談の最後には、私は「じゃあ、今日学んだこと、そして、今月やることを教えて」と言って、本人に自分の口で言ってもらうようにしています。

これ、人は「自分で宣言したことは守る」というクセがあるから言ってもらうという意味と、もう1つ、やっぱり、その日の会話が右から左へ抜けてしまう人っているんですよね。

そういう人は、「今日学んだこと、そして、今月やることを教えて」と言うと、何も言えずにキョトンとしてしまう。

そういうときは、「ああ、ごめんね。僕の伝え方が悪かったね」と言って、もう一度伝えてあげる。

でも、なかには、「じゃあ、ここまでお話ししましたけど、今日感じてくれたこと、学んでくれたことに加えて、今月はこれをやるぞという約束をしましたよね。それを教えてもらえます？」と聞くと、「あれ、何でしたっけ？」と言うチーム員もいるんですね。要は、ちゃんと聞いていない。

こういうチーム員の場合は、まず、仕事に対する自覚を持ってもらわないといけないので、あえて厳しいことを伝えることもあります。

「ああ、〇〇さん、ちょっと厳しい言い方をするけれど、これが営業で売れない理由なんじゃない？　今日の面談の内容が頭に入っていないのと同じで、お客様が言ってることが、ぜんぜん入っていないってことだよ」

そんな指摘をしたうえで、「じゃあ、ちょっと伝え方が弱かったから、もう1回言うね」と言って、もう一度、話をします。

これ、学生時代のとんがった私だったら、「1回の説明で理解できない奴は馬鹿だ」なんて思ったでしょう。でも、今は、**他人とのコミュニケーションなんて、1回くらいの説明で伝わらなくて当たり前**だと思っています。

今、セミナー講師をやらせていただいていて、この「伝わらなくて当たり前」を忘れたら講師失格だと思っています。

セミナー講師は、「わかります?」と上から目線で言ってはいけない。**「わかります?」ではなく、「伝わっていますか?」と言うべき**なんです。

もし、伝わっていなければ、伝えきれなかった自分のボキャブラリーやロジックを責めないといけないと思っています。

さらに言えば、こっちが**全身全霊をかけて伝えようと思っていれば、やっぱり、相手にはちゃんと伝わる**ものだと思います。伝わらないのは、こっちが本気になって伝えようとしていないから。**おざなりな言葉は、相手に響かない**んです。

面談では、「伝えたかったこと」がちゃんと伝わったか、チーム員に自ら宣言をしてもらって確かめる。そして最後は、「じゃあ、その線で今月は頑張っていこうぜ!」と、笑顔で終える。それが理想の面談だと、私は思っています。

POINT

面談は、最後に「宣言」をしてもらって、笑顔で締める

リーダー失格の人とは？

チーム員の心をつかむことができない……というか、「リーダー失格の人」ってどんな人でしょう？

まずは、先ほどお話ししたように、「約束を守らない人」。これは完全にリーダー失格。

次に、私は、**「実力がない人」には、リーダーの資格がない**と思っています。

営業の世界においては、ズバリ、自分では売れない人ですね。

とくに、プレイングマネジャーの場合、ノルマを果たせないようでは、チーム員に何を言っても説得力がありません。誰だって、売れない人にはついていきたくないでしょう。

例外として、ものすごく人のケアがうまいとか、フォローが半端ないとか、自分は売れないけれど、周りに売らせるのはうまいとか、そういう人もいるかもしれません。

現役時代にたいした実績がないのに、名監督や名コーチになる人のパターンですね。

そういう人は、**売ること以外の実力があるわけ**で、リーダーの器なのだと思います。

あと、リーダー失格の最たる人は、「**部下の手柄を横取りする人**」。

これはもう、人として最悪。もちろん、リーダーは常に周りから見られていますから、こんなリーダーには誰もついていきません。ただただ、チーム員から軽蔑されるだけの存在です。

もう1つ、つい、忙しさにかまけている人が陥ってしまいがちな、リーダー失格のパターン。それは、「**指示の意味合いを説明しない人**」です。

そういう人の口癖は、「**意味など知らなくていいから、とにかくやれ！**」「**言われたことをやればいいんだ！**」。

これ、チーム員を将棋の駒だと思っています。

こんなリーダーでは、誰の心もつかむことはできません。

POINT

リーダー失格の人には、誰一人ついていかない

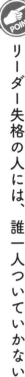

3つの承認が大切

リーダーが、チーム員の心をつかむうえでは、「3つの承認」がとても大切です。
「3つの承認」とは、

- **存在の承認 → 「いてくれてありがとう!」と、存在自体を承認すること。**
- **変化の承認 → 「できるようになったね」と、変化を承認すること。**
- **結果の承認 → 「これだけできたね」と、結果を承認すること。**

という3つ。

世の中は、「数字が出た」「契約を取れた」「大学に受かった」と、ついつい結果しか評価しないことが多い。でも、そこに至るプロセスが、実はすごく大切なんです。

たとえば、営業会社時代に、試用期間の人が、「売上が3カ月連続でゼロだった」と面談で号泣してしまったとき、私はこう言いました。

「結論から言うと、数字はゼロだし、これについては紛れもない事実だよね。でも、そのなかで、今日もあなたとお客様との電話を聞いていたけど、正直すごく上手になった。このままの流れでやっていったら、早いか遅いかはわからないけど、いつか結果はでるから。俺はもう、本当にすごいなと思うよ」

こんなひと言で、人って立ち直れるんです。

何が言いたいかというと、**リーダーは、チーム員の「結果」だけを見るのではなく、その「存在」に感謝し、「変化」もちゃんと評価してあげることが大切なんです。**

「まだ結果にはつながっていないけど、努力して、すごく変化しているよね。そういう成長をできるあなたがチームにいてくれて嬉しいよ」と、「存在の承認」もしてあげる。

もちろん、それをやるためには、1人ひとりのことを普段からきちんと見てあげることが大前提。見ていなければ、変化に気づけないし、具体的に褒めることもできませんから。

ケネディのジョークに学ぶ

日本人というのは、人を褒めるとき、照れるクセがあります。身内のことを「ウチの愚妻です」と、卑下して紹介するなんて、海外でやったら離婚訴訟ものです。

それどころか、昔は「けなすことが可愛がっていること」という時代がありました。先輩の「こいつ、ホントにとろいんですよ」なんて、可愛がっている言葉でした。

でも、それも今は昔。お客様の前で、新人について、「こいつ、仕事が遅くって」なんて絶対に言いません。逆に、いかに褒めるかが重要です。


この「褒める」ということに関する、大好きなジョークがあります。

ジョン・F・ケネディが、ジャクリーン夫人を連れて、中東の王子の宮殿を訪ねたときのこと。

ケネディが、「この時計、立派ですね」と褒めると、王子は「もしよければ、差し上げます」と。まさか、もらうわけにもいかないので、丁重にお断りするケネディ。会食の席でも、「素晴らしい食器ですね」と褒めると、今度は「もしよければ、お持ちください」と。ケネディが何かを褒めるたびに、王子は「持って帰ってください」と言う。

とうとう、ケネディが「なぜ、私が何かを褒めるたびに、持って帰ってくださいとおっしゃるのですか?」と聞くと、「実は、この家のなかで褒められたものは、相手にプレゼントするというのが、我が家の家訓なんです」との答え。

それを聞いたケネディ、しばらく考えてこう言った。

「では王子、この家のなかでは、ジャクリーンのことだけは褒めないでくださいね」

このジョーク、大好きなんです。何がいいって、ケネディがちゃっかりのろけていて、こんなことを言われたジャクリーンは嬉しかっただろうなと思えるところがいい。

あまりにこの話が好きで、真似させてもらったこともあります。

大学時代に、父のツテで外国の大使館のパーティーに出席したことがあったんですが、そのとき、当時、付き合ってた彼女のことを、英語でこう紹介したんです。

「僕の宝物を紹介します」

このひと言だけを英語で覚えていったんですが、いや〜、ウケました。周りの外国人たちが「ワオッ」って歓声を上げていましたね。

話が少しそれましたけど、**「褒めるのは無料で、効果は絶大」**です。

ぜひ、チーム員に対して、「3つの承認」をフル活用してください。

POINT
リーダーは、チーム員をしっかり見て、承認してあげる

心をつかむ「褒め方」のコツ1

魔法の接続詞を使う

「3つの承認が大事なのはわかった。でも、実際にはどう褒めたらいいの？」

あなたの声が聞こえてきそうです。

たとえば、「変化の承認」の褒め言葉の例。営業のセールストークの成長ぶりを承認する（褒める）なら、こんな感じ。

「このあいだ聞いたトークとぜんぜん違うじゃん！　相手のニーズを聞き出す部分なんて、すごく自然で良くなっているよ」

「このままやり続けていったら、さらに上のステップに行けそうだよ」

「今の調子で真剣にやり続ければ、2、3年後にはとんでもないところに行けると思うよ」

注意したい点は、「ああ、もう少し、ここを改善したらもっとよくなるのに」と思ったときに、「だけど」とか「しかし」という否定の言葉を使わないことです。

「なかなかうまくなったね。だけど、ちょっと早口すぎるよ」

「全体的に良くなっているね。しかし、まだ相手の話をよく聞けていないかな」

こんなふうに言われると、最初に褒められたことが否定されて、後半の指摘だけが印象に残り、聞かされたほうは、「受け入れられていないな」と思ってしまいます。

情報番組のMCもしている、ある俳優さん。

その人の司会ぶりを見ていると、しょっちゅう、「ただな」とか「ただね」って言っていて、すごく気になる。

「彼は、いい仕事をしていますよ。ただ、もう少し行動に責任を持たないと……」

そんな言い回しばかりしているので、聞くたびに、「もったいないな」と思ってしまいます。

そこで、相手に、「ここを改善したらもっと良くなるのに」ということを伝えたいときに使える、「魔法の接続詞」を1つ紹介しましょう。

それは……。

「そのうえで」

「なかなかうまくなったね。だけど、ちょっと早口すぎるよ」ではなく、**「なかなかうまくなったね。そのうえで、もう少しゆっくりしゃべるとさらに良くなると思うよ」**と言ってみる。

「全体的に良くなっているね。しかし、まだ相手の話をよく聞けていないかな」ではなく、**「全体的に良くなっているね。そのうえで、相手の話をもっとよく聞くように心がければ完璧かな」**と伝えてみる。

「彼は、いい仕事をしていますよ。たださ、もう少し行動に責任を持たないと……」ではなく、**「彼は、いい仕事をしていますよ。そのうえで、もう少し行動に責任を持てば、もうワンステップ高い次元に行けると思う」**と言えば、相手のことを考えたアドバイスに早変わりですよね。

文法的には少しおかしいのですが、口語ならそう気にはなりません。

ぜひ、この「そのうえで」を意識して使ってみてください。

男性と女性の褒めるツボの違い

褒め方のコツをもう1つ。

相手が男性か女性かで、褒めるツボは微妙に異なることを知っておきましょう。

ひと言で言えば、**女性は比較的「目に見えるもの」を褒められると喜び、男性は「目に見えないもの」を褒められると喜ぶ**、と覚えておくとわかりやすい。

ほら、男性は、「仕事観」とか「信念」とか「人脈」とかを褒められると喜ぶじゃないですか。いっぽう、女性は、「見た目」とか、目に見える仕事の成果、たとえば「この前の資料、すごく見やすくて助かったよ」「きれいにコピーをとってくれてありがとう」なんていう言葉を喜んでくれる人が多いです。

POINT
「そのうえで」をうまく使う

心をつかむ「褒め方」のコツ2

ズームインとズームアウトを使い分ける

チーム員の心をつかむリーダーは、必ずと言っていいほど、意識して、次の原則を守っています。

褒めるときはズームアウト。叱るときはズームイン。

これはどういうことかというと……。

まず、**褒めるときは、なるべく人前で、結果についてだけでなく、その結果に至るまでの裏側だとか、心がまえだとか、取り組みの積み重ねだとか、そういうものにまで「話を広げて」褒めてあげる。**これがズームアウト。

いっぽう、**叱るときは、人前ではなく、できれば相手と1対1で、「事実だけ」にフォ

ーカスして叱る。これがズームイン。

もっとも悪いのは、叱るときに、「お前、そう言えば、このあいだもああだったよな」って、直接、関係のない過去の出来事にまで話を広げてしまうこと。

「お前、親からどんな教育を受けて育ったんだ」「どうせ、甘やかされて育ったんだろ」なんて、過去の話や憶測にまで話を広げて叱るなんて、絶対にやってはいけません。

たとえば、提出された企画書を見て、「どうせ、昨日は眠ってしまって、ろくに調べないで作ったんだろう」なんて言って、相手から、「いや、実をいうと昨日は徹夜で、本を3冊読んで作りました」と言われた瞬間、もう終わりですよね。

ただし、逆に、褒めるときは憶測を入れてもいい。

「彼がこんな結果をだせたのは、おそらく、仕事から帰って何冊も本を読んで、夜遅くまで勉強したからではないかと思う」

褒めるときは、憶測が間違っていてもオーケーだと覚えておきましょう。

POINT

褒めるときは「おおっぴら」に、叱るときは「密か」に！

チーム員とどう接すればよいか、迷ってしまったら……

チーム員の心をつかもうと、いろいろなことを考えているうちに、「チーム員とどう接すればよいか、わからなくなってしまった」。

そんな状態になってしまったら、どうすればよいか？

もし、私がそんな悩めるリーダーにアドバイスを求められたら、こう回答します。

「自分だったら、どういうリーダーについていきたいか？　それを言語化してみてください」

これ、漠然《ばくぜん》と考えるだけでなく、「言語化する」というところがミソです。

どんなリーダーについていきたいか？　といっても、仕事によって異なると思います。

たとえば、営業職だったら、「売れる人」とか、「クロージングがうまい人」とか、「お客様を連れてきてくれる人」とか。経理だったら「会計の知識がすごい人」とか、「とんでもなく数字に強い人」とか。職種によって、そういうテクニカルな部分についてのリーダー像があるでしょう。

そして、もう1つの側面が「心がまえ」ですよね。

「どんなときも前向きな人」とか、「ピンチでもビクともしない人」とか、「失敗に学び、成功の種《たね》に変えてくれる人」とか。

そういう、テクニカルな部分と心がまえの部分の両方について、「あなたはどんなリーダーについていきたいか？」を言語化してみる。

そこまでできたら、それを判断基準にしてチーム員と接すればいいのです。

もし、「約束は必ず守る人」と言語化したなら、チーム員との約束を守るように行動する。

言語化した理想のリーダー像があれば、チーム員との接し方もブレなくなるはずです。

POINT

リーダーは、「理想のリーダー像」を言語化して、それを目指す

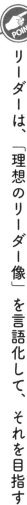

良いリーダーは、「チーム員の未来」を語る

プロローグで、「本物のリーダーは時間と空間のベクトルが大きい」というお話をしました。過去のことしか語らないリーダーと、大きなベクトルで未来のことを語るリーダーなら、誰だってて未来を語るリーダーについていきたいと思うでしょう。

さらに言えば、**人は、「自分の未来を語ってくれるリーダー」に心惹《ひ》かれます。**

ですから、私は面談では、チーム員の普段の言動や日報の内容などから、その**チーム員が「どんな未来を描いているか」を想像する**ようにしています。

「3年後にリーダーになりたい」「いつかは独立して起業したい」「営業のスペシャリストになりたい」「研鑽《けんさん》を積んで、人に教える立場になりたい」など、目指す未来は、チーム員によって異なるでしょう。

そこで、面談では、チーム員ごとの未来像について、**「もし、そうなりたいなら、今はこれをやるべきじゃない？」**と、「会社の仕事」と「あなたの未来」がいかにリンクしているかを伝えてあげるようにしています。

高度成長期では、終身雇用が当たり前で、「会社の成長」が、そのまま「自分の成長」でした。でも、今は人生で4～7社くらいの転職が普通という時代です。

だからこそ、リーダーはチーム員に、「会社の未来」だけでなく、**「自分ごととしての未来」を感じてもらう**ようにしなければならないと思っています。

この話をするときの1つのコツは、**相手の年齢を基準にして話をする**ということ。

中堅社員から新人を見たら、至らないことばかりに見えるでしょうが、「じゃあ、自分がこの新人と同じ年のときにはどうだったか？」と考えると、「意外としっかりしているなコイツ」と、見方が変わりますから。この方法、おすすめです。

POINT

「あなたの未来」の視点で会話をすることが効く

「何を考えているかわからないチーム員」の心をつかむには？

たくさんいるチーム員のなかには、「何を考えているのかわからない」という、いわゆる「宇宙人タイプ」の人もいると思います。

リーダーとして、そんなチーム員の心をつかむには、いったいどうしたらよいのでしょう？

私もよく、リーダー研修などで、「最近の若い奴らは、本当に何を考えているかわからなくて……。どう接したらいいんでしょう？」という質問を受けます。

そんな質問をいただいたとき、私はいつも、こう答えることにしています。

「相手が何を考えているかわからないのは、当たり前のことです」

私は、そもそも、「相手の考えなんて、わからなくて当たり前」というのが、コミュニケーションの前提だと思っています。

それなのに、「相手も自分と同じことを考えているだろう」と思うから事故になる。

以前に、元SMAPの稲垣吾郎さんが、テレビ番組で、「他人と接するとき、大切にしていることはなんですか?」と質問されて、こんな回答をしていました。

「人に期待しない」

いかにも稲垣さんらしい答えで、つい笑ってしまいました。でも、この考え方って、とても大切だなと思ったんです。

たとえば、「チーム員のことを信じて、期待する」と言うと、一見、リーダーの美徳みたいに聞こえるじゃないですか。でも、そこにはリーダーの「我《が》」が入っている。

結果がでなくて、「期待していたのに、なんでだよ」と言われても、言われたほうは、「いやいや、そっちが勝手に期待したんでしょ! 勝手に期待しておいて、勝手に裏切られたはないでしょ！」と言いたくなると思います。

これは、ただの「愛の押し売り」、いや、「期待の押し売り」でしかありませんよね。

リアクションを観察する

チーム員は、自分とはまったく違う人生を歩んできた別人です。考え方も熱量も違って当たり前。

だったら、その**違いを楽しむくらいで丁度よい**と思うのです。


とはいえ、リーダーになったら、チーム員が何を考えているのか、ある程度はわかりたいものでしょう。

チーム員の心を探る方法を1つ紹介すると、**リアクションに注目する**という手があります。

彼は、どうして、この話題に対して、こういうリアクションをするんだろう？

彼女は、どうして、今の言葉に過剰反応するんだろう？

そういうことをしっかりと見て、「もしかしたら、子どもの頃に親から愛されなかったというトラウマがあるのかもしれない」「信じていた相手から裏切られた経験があるのかもしれない」と想像をするのです。

多くの人は、そういう想像をしないで、「なんだよ、その態度は?」とか、「どうしてそういう顔をするわけ?」と、その瞬間にフォーカスしてしまう。

その**瞬間ではなく、それが生み出された背景を想像する**ことで、「じゃあ、身内のように親身に接してみよう」とか、「じゃあ、『自分は絶対に約束を守るから安心していい』ということをしっかり伝えよう」とか、相手に合った接し方が見えてくるんですね。

せっかく、リーダーとチーム員という関係で奇跡的に出会ったのです。

どんなチーム員に対しても、仕事を通して、相手の人生に少しでもプラスになるような関係を作れて、それが会社にとって良い結果に結びつけば、一番良いのではないかと思っています。

POINT

チーム員の心はわからなくて当たり前。だから面白い!

イラッとしたときのセルフクエスチョン

リーダーだって人間です。チーム員と話をしていて、イラッとすることがあっても当たり前です。

営業会社にいた頃の私は、そんなときは、いったん事務室を出て、応接室へ行って1人で深呼吸をしながら気を静めてから、戻って、話の続きをする……そんなことをやっていました。

でも、現在は、チーム員と話をしていてイラッとしたときは、自分で自分に、こう問いかけるようにしています。

「今、この感情をぶつけることは、会社のためになるか？」

そうセルフクエスチョンをして、「今、ここで怒ったほうが、会社にメリットがある」というのであれば怒るし、そうでないなら怒るのをやめる。

ここでいう「会社にメリットがある」とは、「売上につながる」とか、「チーム員が成長できる」とか、そういう「ポジティブな未来につながるかどうか？」ということですね。

リーダーにとって、一番に考えるべきは「組織の成長」。そして、それを実現するために必要なのは、「チーム員の力を最大化させること」です。

ドラッカーも、「マネジメントとは、人の強みを引き出すこと」と言っています。

ですから、それを、「怒るか否か」の判断基準にしているのです。

判断基準が決まると、不思議なもので、「怒っている自分」を、そばで冷めた目で見ている「もう1人の自分」がいるような感覚になって、冷静な判断ができるようになります。

そして、相手のタイプを考えて、「この人には、今、少し強めに言ったほうがいいな」とか、「ここは叱るよりも褒めたほうが効くな」と判断できるようになる。

イラッとしたときこそ、器の大きさがでます。会社やチーム員の未来を大きなベクトルで見られるようになったら、自分の怒りなんて小さなものに思えるはずです。

POINT

イラッとしたら、「会社の利」で判断する

心をつかむリーダーの話し方1
内容編

ここで、「心をつかむリーダーの話し方」の条件をまとめておきましょう。

チーム員の心をつかむリーダーは、話をするとき、次のような条件を満たしています。

◎リーダーは、未来を語る

リーダーは、大きな時間軸で「未来を語る」。この時間軸が大きすぎると、ときにホラ吹き扱いをされますが、**リーダーにとって、「未来（ビジョン）を語ること」は必須**です。

私は、営業会社時代に新人教育で語った「自分の未来のビジョン」について、独立後、何年も経ってから、そのときの参加者から、「あのときに言っていたとおりになりましたね」と、メールをもらったことがあります。覚えている人は覚えているものなんです。ですから、朝礼では、よく会社の未来について語りますし、面談では、その相手の3年後、

5年後など、未来の話をするようにしています。

◎リーダーは、空間を語る

私は朝礼などでは、なるべく空間のベクトルが広い話、つまり、社内の話だけでなく、**業界の話や世の中全体**のことなどを話すようにしています。話を聞いたチーム員たちの視野が広くなれば幸いだと思っています。

◎リーダーは、大義、意味合いを語る

歴史上の優れたリーダーは、「なぜ、我々はそれをやらねばならないのか？　やることによって世の中がどうなるのか？」という「大義」をしっかりと語っています。

徳川家康は関ヶ原の戦いに際して、武将たちに**「戻りたければ戻ってよい。ただし、この戦は秀頼公への戦ではない！　石田三成を討つ戦である。天下のために、このまま三成を放っておくことはできない」**と大演説をして、武将たちを1つにまとめていますし、若き日の信長も、桶狭間に行く前に熱田《あつた》神宮で先勝祈願をしたとき、兵たちに「**大義は我にあり**」と言ったと伝わっています。

リーダーは、「大義」を語って、チーム員の心をまとめてください。

◎リーダーは、過去を後悔しない

良きリーダーは、過去のことを、反省はしても後悔はしません。元プロ野球選手の「ゴジラ」こと松井秀喜さんの著書『不動心』(新潮新書)に、松井さんがイチかバチかのプレーで手首を骨折してしまったとき、長嶋茂雄さんから電話がきたというエピソードが載っています。このとき、長嶋さんは「怪我をして残念だった」とか、過去の話はいっさいせず、**「松井、これから大変だけどな、リハビリは嘘をつかないぞ!」**と、未来のことしか言わなかったそうです。松井さんは、長嶋さんのこの前向きな言葉に感化されて、「怪我をする前に戻すのではなく、これによって進化したバッターになればいいんだ」と気持ちを切り替えてリハビリに励み、見事に復活しました。

過ぎてしまった過去について、いつまでもグダグダ言うような人はリーダー失格です。

◎リーダーは、ピンチでも泣き言を言わない

第2章のコラムで、ケネディの言葉を紹介しますが、ピンチのときって、本物のリーダーと、たまたまその役にいるだけの似非《えせ》リーダーの差が如実《にょじつ》にあらわれます。ナポレオン・ヒル財団初代理事長、W・クレメント・ストーンの「**問題がある。それは素晴らしいことだ**」という名言がありますが、リーダーなら、それくらいの余裕を見せてほしい。

私もピンチのときは、チーム員に「**すべての失敗や逆境には、それと同等かそれ以上の利益の種がある**」「**明けない夜はない**」「**失敗は学び**」など、いわゆる名言や、かつてT支部長から聞いた言葉などを伝えるようにしています。

リーダーたるもの、**泣き言は、独り言で止《とど》める**ようにしましょう。

◎リーダーは、原因を考えてあげる

これは前述したように、結果だけを見るのではなく、そこに至る過程も見てあげて言葉をかけるということです。「**今回はお客様の事情でタイミングが悪かったけど、ちゃんと成長しているから大丈夫！**」なんて言ってもらえたら、チーム員も安心しますよね。

POINT

「未来」「空間」「大義」を語れ！　泣き言を言うな！

心をつかむリーダーの話し方2

テクニック編

「心をつかむリーダーの話し方」の条件、「内容」の次は「テクニック」について。

◎目を見て話す

私はこれ、マネジャー研修では必ず話します。なぜかというと、朝、部下から挨拶をされたとき、目を合わさずに「おはよう」と返すだけの管理職の人がすごく多いからです。

私に言わせれば、それは、挨拶をしていないに等しい。一流レストランでは、お客様が来たとき、スタッフ全員がそのお客様を見て「いらっしゃいませ！」と言います。**朝の挨拶では、チーム員を目で見て、相手の顔色を見て、状態を確認するのがリーダー**だと言いたい。

もちろん、挨拶と同じく、**朝礼で話すときも「全員の目」を見てください。**

ちなみに、私は、毎日、社員が帰るときには「今日もありがとね」と声をかけて、握手をしてお別れをしていますす（ジョークではなく本当に！）。

◎上を見て話す

伏し目がちで、背中を曲げて話す人はリーダーとは言えません。パワーポイントの画面しか見ていない人も一緒。魅力的なリーダーは、上を向いて、遠く……というか、未来を見るような目をしています。私はある時期、目線を上にするクセをつけるために、道を歩くときは**「2つ先の交差点の信号を見て歩く」**と決めていたことがあります。また、夜歩くときは**「月に気づけているか？」**を意識したこともありました。

◎声は大きく、メリハリをつける

声の小さいリーダーって、「この人についていって大丈夫かな？」と思いますよね。

リーダーになったら、基本的に声は大きくしましょう。マネジャー研修では、声を録音しますが、多くの方が「もっと声がでていると思った」って驚かれます。

そして、**温かみを感じさせるときと、鼓舞《こぶ》するときでは、声のトーンを変える**など、場面に応じたバリエーションを意識してください。楽曲だってずっとAメロばかりだったら飽きます。やっぱり、Aメロ、Bメロ、Cメロ、サビと変化するからいい。チーム員との会話も、朝礼のスピーチも、楽曲だと思って話してください。あと、**声のトーンは、ドレミの「ソ」の高さ**でしゃべってみてください。それくらいの高さで丁度いいんです。

◎身振り手振りを意識する

いわゆるノンバーバルコミュニケーション（非言語コミュニケーション）を意識しましょう。これまでに挙げた視線、姿勢のほかに、身振り手振り、表情（口角《こうかく》が上がった笑顔）など、できる限りすべてを意識してください。もちろん、身振り手振りは「派手にすればいい」というものではありません。意識的にゆっくり動いて重要感をかもしだしたほうがよい場合は、マフィアのドンになった気分でどっしりと動いてくださいね。

◎リアクションをしてあげる

リーダーの……というより、会話の基本ですが、チーム員の話には、相づちを打つなど、しっかりとリアクションをしましょう。ときどき、部下の報告を無表情で、微動だにせず聞く人がいますが、同じことをやられたら、どんなに話しづらいかわかると思います。

◎相手の名前を呼ぶ

「○○君」「○○さん」と名前を呼ぶ。これもコミュニケーションの基本ですね。

いかがでしたか？　えっ、「チーム員に話をするときには、こんなにいろいろと意識しなくてはいけないのか！」ですって？

そのとおり！　チーム員の心をつかみ、1つにまとめたいと思ったら、これだけのことを普通に演じてほしい。朝礼から、いきなりチーム員のテンションを下げるような話し方をするリーダーには、絶対にならないでください。

スポーツで、大一番の試合前、できるリーダーは、「ここまできたら何も言わない！今日は、持っている力を全部出して勝負してこい！　行くぞー！」と声をかけて、選手の力を120パーセント引き出しますよね。ぜひ、そんなリーダーになってください。

POINT

リーダーは、言葉でチーム員を魅了する千両役者になれ！

失敗談を語れるリーダー

たとえば、大きな失敗をやらかして、会社に損害を与えてしまったようなとき。

自分が若かった頃の「失敗談」を話して、「これで会社がつぶれることはないから、次に頑張って取り返せ」なんて励ましてくれるリーダーには、ちょっと心惹かれますよね。

前の項で、「リーダーは大きな声でメリハリをつけてしゃべるほうがよい」とお話ししましたけど、失敗をした相手と1対1で話をするときは、少し声のトーンを下げて、自分の失敗談を語るのもカッコイイかもしれません。

「自分の弱み」や「失敗体験」を語ると、相手に、あなたの人間味が伝わります。

「いや〜、オレもさ、実は新人の頃、でっかいクレームに合って、会社に損をさせてしまったことがあってさ」

「私も君と同じ新人時代には、まるで売れなかったんだよ」

このように、相手の年代のときにどうだったのかを、さらけ出してあげる。

そして、その失敗談とセットで、「自分はどうやってその失敗を克服したか」という話を語ってあげるのです。

失敗したままの人には失敗を語る資格はありませんが、あなたが今、リーダーだということは、過去の失敗の悔しさをバネにして頑張ったとか、誰かにアドバイスをもらって立ち直ったとか、その失敗を糧《かて》にして今があるはず。そこを伝えてあげてほしい。

私で言えば、たとえば、ある取引先の担当者との関係がうまくいっていないことに悩んでいる社員がいたら、「君くらいのとき、専務とうまくいかなくてね。悩んだ末に、専務からの依頼をいつでも、いの一番でやるようにしていたら、どんどん関係が良くなっていったんだ」なんていう話をすれば、参考にしてもらえるかもしれませんよね。

POINT

「失敗談を語れるリーダー」は魅力的

リーダーは、「チーム員を操る人」ではない

第1章では、「チーム員の心をつかむ、リーダーの話し方」として、「面談の方法」や「チーム員の承認の仕方」「リーダーらしい話し方」などについてお話ししました。

この章の最後に、私が考える「リーダーとは？」について話をしたいと思います。


戦国時代の武将は、戦のとき、自分の軍の兵たちに采配を振るいました。

そのイメージから、「リーダーはチーム員を操る人」だと思っている人がいるのですが、私は、そうではないと思っています。

リーダーは、決して、チーム員を操る人ではありません。

そう思っている人は、どこかで、チーム員を将棋の駒のように思っているのではないでしょうか？

これは、営業という仕事でもそうです。営業は、決して、お客様を誘導して、操って、買ってもらう仕事ではありません。

自分が扱っている商品によって、お客様をより良い未来へとお導きする。

それが営業という仕事です。

同じように、**リーダーは、チーム員たちをより良い未来へと導いてあげる存在**なんです。

「**オレはプロとして、より良い未来へ進む方法を知っているけど、一緒に同じ方向を目指す時間を共有する？　もし、大切な時間を共有してくれるなら、より良い未来に導くよ**」

そんなスタンス。

ですから、相手が望まなければ無理強《じ》いはしません。営業の大原則である「**ノーニーズ・ノーセールス**」と同じですね。

「**あなたが望むなら、一緒に命の時間を共有しよう！　導くよ！**」

これがリーダーのあり方だと思っています。

POINT

リーダーは、「チーム員を導く」存在

column 1

専務との関係が教えてくれたこと

プロローグでお話ししましたが、私がキム社長のもとで秘書として働くことになったときのことです。それを快く思わなかった人がいました。それは、私の前の秘書室長。その方は、私が社長秘書になったことで専務になったのですが、社長が知り合い（私の父）の息子である私を引っぱってきて、自分の代わりに秘書にしてしまったのですから、面白くなくて当然でしょう。

私は、この関係をなんとかしたくて**「自分が専務の立場だったらどうなのか？」**を真剣に考えました。その結果、専務からの依頼を、いの一番でやることにしたのです。

社長からの依頼よりも、専務から依頼された仕事のほうを優先するようにしていたら、専務は「えっ、もうできたのか！」って驚いてくれるようになりました。

さらに、秘書業務についても、自己判断をやめて、専務の確認を得るようにしました。

すると、専務のほうも、「こんなこともわからないのか」って言って、笑いながら教えてくれるようになっていったのです。

人間関係というのは、日頃のコミュニケーションが大切なのだとつくづく思います。

たとえ同じ言葉でも、相手との関係によってとらえ方が変わりますよね。懐《ふところ》に飛び込んでみると、専務との関係はみるみる改善され、可愛がってもらえるようになりました。

私が夜中にオフィスで1人、仕事をしているところに、お客様との会食を終えた専務がふらりと立ち寄って、私のデスクに缶コーヒーをポンと置いて、さっと帰っていったこともありました（あれにはちょっと惚れちゃいました）。

坂本龍馬は、たとえ喧嘩をするにしても、「ここで喧嘩することは、損か、得か」と、常に、感情ではなく、「利」を考えて決めるという度量の大きさを持っていたといいます。

そのときの私は、龍馬にならったんですね。

ビジネスコンサルタントの権威、ブライアン・トレーシーは、「あなたの最大の顧客は、あなたの上司だ」と言っています。なんだかんだ言っても、ビジネスマンは上司に嫌われると仕事がやりづらい。だから、実は最大の顧客は上司であると……。

まったくそのとおり。専務との関係が良くなり、とても仕事がしやすくなりました。

ちなみに、私が同社を辞めるときは、専務から感動的な「送る言葉」をいただきましたし、のちに独立された専務とは、今でもお付き合いを続けさせていただいています。

第2章

チームのやる気を引き出す、リーダーの話し方

チーム員を、「4つのタイプ」に分けて考える

第2章は、いよいよ、「チームのやる気を引き出す、リーダーの話し方」についてです。

まず、人の「やる気」についての基本知識として押さえておきたいものに、「マズローの欲求5段階説」があります。

アメリカの心理学者、アブラハム・マズローが提唱した、「**人間の欲求には、『生理的欲求』『安全の欲求』『社会的欲求（所属と愛の欲求）』『承認欲求』『自己実現の欲求』という5つの段階がある**」というもので、これはたぶん、ご存じのことと思います。

現代心理学では、このマズロー説をもとに、欲求を次の6つに分けています。

第1欲求　安定の欲求

第2欲求　不安定（変化）の欲求

第3欲求　重要感の欲求
第4欲求　愛とつながりの欲求
第5欲求　成長の欲求
第6欲求　貢献の欲求

この6つのうち、最初の4つは、誰でも持っている「基本的欲求」。

残りの「成長」と「貢献」の2つは「精神的欲求」といって、この2つの欲求が強い人が、自立した仕事ぶりでブレイクスルーを果たして成功するタイプの人なのです。

ここまでは、伝わりましたか？　リーダーとして、相手のやる気を引き出すうえで大切な話はここからです。

私は、この6つの欲求のうち、誰でも持っている最初の4つに注目して、マトリックスで考えるようにしているんです（76ページの図参照）。

横軸の左へ行くほど「安定がつまらない人」。右に行くほど「安定を欲しがる人」。縦軸の下へ行くほど「人同士のつながりを重んじる人」、上に行くほど「目立ちたい人」です。

「4つのタイプ」のマトリックス

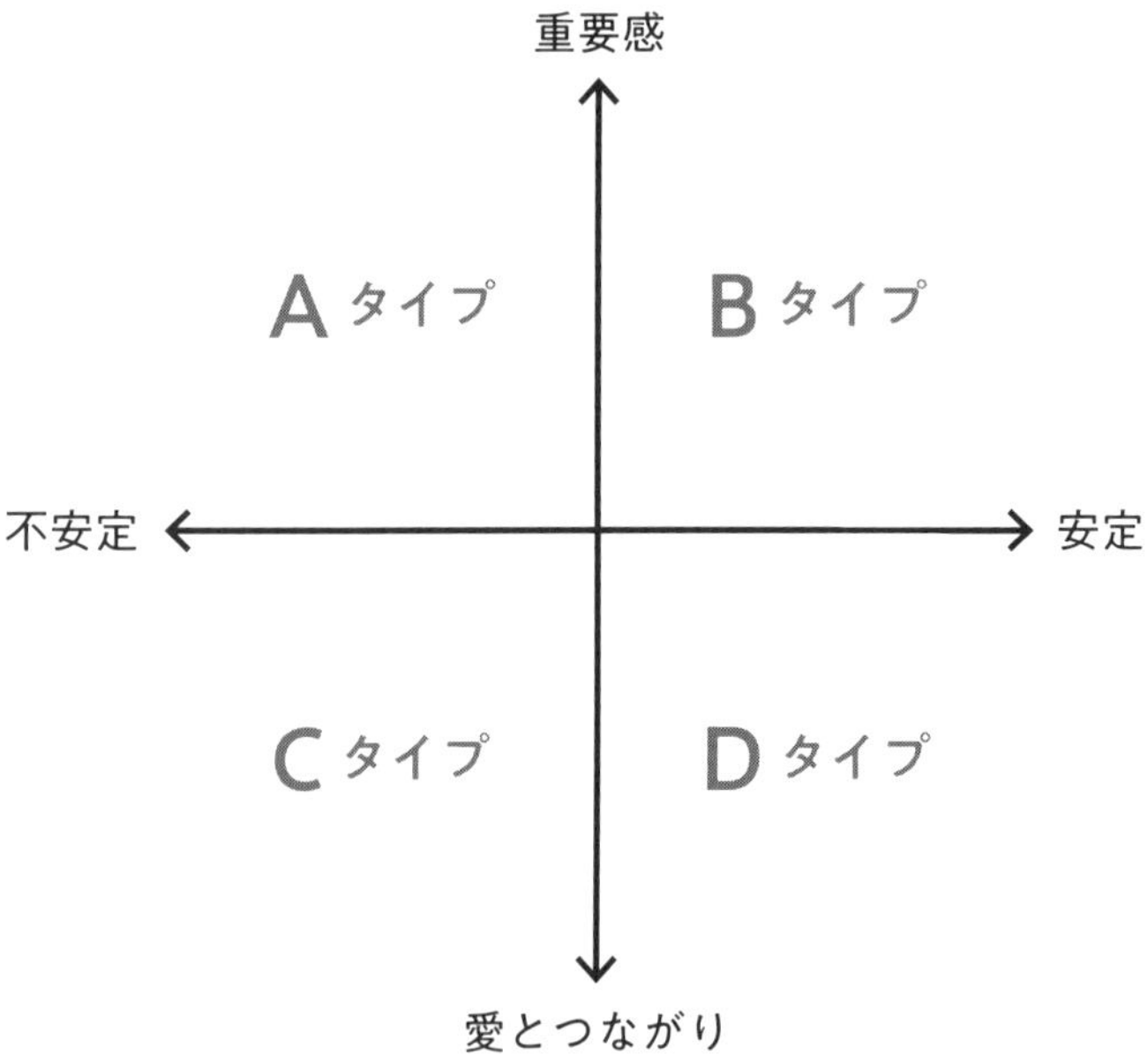

私はこのマトリックスでチーム員のタイプを把握するようになってから、マネジメントがすごく楽になりました。

各ABCDのタイプ別の特徴は、次のとおりです。

●Aタイプの人の特徴

外回りが好きで、出世したい、目立ちたいという気持ちが強いので、トップ営業はだいたいこのタイプ。指示されること、管理されることが嫌いで、少し扱いにくい。

●Bタイプの人の特徴

安定が好きなので、1つのことを続けて、極めたいという職人・研究家タイプ。重要感が高いので、地位や役職を欲しがる。

●Cタイプの人の特徴

人とのつながりは好き。ただ目立つのは嫌い。素直なので、安心して同じ仕事を続けさせていると、変化を求めて、突然、辞めてしまうことがある。

●Dタイプの人の特徴

裏方にいても淡々と真面目にやってくれる、いわゆる「いい子」タイプ。新しい仕事や挑戦的な仕事は嫌いで、経理や事務職向き。飲みニケーションや社内サークルが大好き。

POINT

チーム員を「4つのタイプ」で把握するとわかりやすい

4タイプに関する、2つの「不都合な真実」

4タイプそれぞれのチームをやる気にさせる対処法の前に、この4タイプに関する「不都合な真実」について、2つお話しします。

◎4タイプに関する不都合な真実1　人は同じタイプの人を嫌う

人が、自分と似たタイプを嫌う傾向にあるというのは周知の事実。

たとえば、マトリックスのAタイプの人が、起業してリーダーになると、無意識のうちに、自分と同じAタイプの人を身近に置かないようにしてしまいがちです。

その結果、気がつくと、自分の言うことを「はいはい」と聞いてくれるDタイプの人ばかりを集めてしまったりする。ネットワークビジネスのリーダーはとくにその傾向が強く、自分と同じスター選手を避けて、自ら「いい子タイプの人」ばかりを集めておきながら、「メンバーに昇進意欲がないんですよ」と悩んだりしていることが多い。

そういう組織は、いつまでも自分が数字をつくらなくてはいけません。要注意です。

◎4タイプに関する不都合な真実2　人のタイプは変化する

この人はAタイプだと思っていた人が、ある日突然、Dタイプに変わったりすることがあるので注意が必要です。たとえば、結婚前は、「どんどんチャレンジさせてください!」というタイプだった人が、結婚した途端、安定を求めるほうにグンと振れることがある。会社と家庭の優先順位が変わるのですから、何の不思議もないのですが、「人のタイプは変化する」ということがわかっていないと、面食らいます。

ですから、定期的な面談が大切なんですね。「結婚してどう?　早く帰りたくなったんじゃない?」と聞くと、「実は……」なんて。

その人の「タイプの変化」に気がつけば、マネジメントを変えることができます。

POINT
リーダーは、「4タイプ」の落とし穴に注意

タイプ別の対処法

Aタイプの「やる気の引き出し方」

では、4タイプそれぞれのチーム員の「やる気の引き出し方」を見ていきましょう。

まず、重要感が高く、不安定が好きなAタイプ。

このタイプには、とにかく**「君のやった仕事が役に立ったよ」**とか、**「君がいたおかげで大成功だったよ」と、そういう重要感を刺激する言葉を意図的に伝える**ようにします。

それも、1対1ではなく、なるべく朝礼など、みんなの前でそれを伝えてあげる。

飲み会で、「乾杯の音頭は、今期、営業コンペでトップだった○○君、よろしく！」なんて、乾杯の音頭をとってもらうのもよいと思います。

このタイプが嫌がるのは、管理されること。

そのため、日報を書くことが大嫌いな人が多い。「そんなもん書かなくても、売ればいいんでしょ、結果をだせば文句ないですよね」と、一匹狼的なところがあります。ですから、細かな指示なんて与えずに、**「やりたいようにやってみろ！」って、自由にやらせてあげる**。そうすると、がぜんやる気になって、力を発揮します。

ただし、マネジメントとしては、自由にやらせておくだけではハンドルを握れないので、痛みを与えておくことも必要です。

「好きにやっていいけれど、結果がでなかったときは、口出しするから覚悟しておいて」と条件を宣言しておいたり、1人で突っ走って空回りしているようなら、**「気持ちはわかるけど、今のままだったら、このポジションにはいられなくなるよ」**と、あえて重要感が損なわれるという危機感を煽《あお》ったり。

それから、このタイプは、成功が続くと、とんがりすぎて、周りへの感謝を忘れて調子に乗ってしまう場合があるので注意してください。

もし、調子に乗っているようなら、「いや〜、オレも昔は1人でやっていると思っていたけど、裏方の人がいないと、神輿《みこし》はかつげないんだよね」と、周りへの感謝を忘れないように、釘をさしてあげましょう。

歴史上の人物で言えば、豊臣秀吉などが、このAタイプ。

重要感が高いのに、農民の出だったために、ずっと満たされずにいた。それが、信長に拾ってもらって、光が当たった途端、一気にバーンと覚醒し、次々に手柄を立てて、最後は太閤《たいこう》にまでなった。**Aタイプは、重要感が満たされる「チャンス」と「場」を与えると、たいへんな爆発を見せることがある**んです。

ある部門にいて、ぜんぜん目立たなかった人が、別の部門に異動した途端、突然、大活躍をすることがあるのも、その人に合った場が与えられた結果ですね。

このAタイプは、前述の6つの欲求のうち、「成長の欲求」と「貢献の欲求」を持つと、それこそ秀吉のような、半端ない大成長をとげることがあります。

Aタイプが、同じチームに2人いたら?

このAタイプは、基本的には営業に向いていますが、事務系スタッフの場合は、「○○委員長」なんて、**その人のための役職を与えたり、プロジェクトリーダーなどに任命したりするのもいい**（サブリーダーは×）でしょう。大抜擢《だいばってき》には、喜んで応えてくれます。

プロジェクトが成功したら、表彰してあげるのもよいです。基本、目立つことが好きですから、表彰制度は、Ａタイプにとって大きなモチベーションになります。

最後に、もし、**同じチームにこのタイプが2人いたら、決して比較してはいけません。**

Ａタイプは、他人と比較されることが大嫌いです。

とはいっても、営業の場合はハッキリと数字で順位が決まってしまいますよね。

そんなときは、こんなふうに伝えてください。

「結果としての数字はたしかに彼のほうが上だけど、トークのうまさとアポ率は君のほうが上だよね」

つまり、**その人の光っているところを褒めて、認めてあげる。**「ホームランは彼のほうが多いけど、打率は君のほうが上だよね」と、そんなイメージ。

そうすると、土俵が違うところで2人とも力を発揮してくれて、チームにとって飛車角《ひしゃかく》のような存在になってくれるかもしれません。

POINT

Ａタイプはある程度自由にして、重要感を刺激する

タイプ別の対処法

Bタイプの「やる気の引き出し方」

次は、Bタイプのやる気の引き出し方です。

Bタイプも Aタイプと同様に、重要感が高いので、「君のおかげだよ」という言葉がとても有効。

ただ、Aタイプと違って、変化を好みませんから、「新しい仕事を始める」とか、「新規プロジェクトメンバーになる」ことは、好きではありません。逆に、淡々と同じ仕事を究めることに、喜びと楽しさを感じるので、「今までどおり、よろしく頼むよ」という言葉は好きです。

このタイプに、何か新しい仕事に対してやる気になってもらうには、どんな言葉をかければよいのでしょう？

基本的には、命令ではなく、相手の意思を尊重して、相談を持ちかけるように伝えてください。

「こういうことを新しく考えているんだけど、どうかな?」
「こんなプロジェクトが始まるんだけど、リーダーをやってみたいと思う?」

こんな感じ。

そう言われれば、Bタイプの人も、重要感は高いので、悪い気はしません。

ただ、変化が嫌いなので、尻込みはするでしょうし、なかには心が折れる人や、絶対にできませんと言ってくる人もいるでしょうから、無理強いは禁物。あくまで、意思の共有をしつつ、話を進めます。

Aタイプは指示されたり、管理されたりすることが嫌いですが、Bタイプは逆です。新しいことに対して、「このやり方でいいのかな?」と、慎重なところがあるので、「こういうふうにやって、こういうふうにやれば、こうなるから、こうやってね」と、ある程度指示してあげると安心します。

そうやって、最初に流れを作ってあげれば、道を究めるタイプなので、深掘りしていっていい仕事をしてくれます。

そうしたら、褒めて、重要感を刺激してあげる。

「この流れで進めていってくれればいいから」

「このやり方は、ぜひ、会社の財産にしたいから、やり方を仕組化するためのレポートも作ってくれるかな」

「〇〇さんが作ってくれたこの仕組は、これからずっと会社の役に立ち続けるよ。ありがとう！」

そんな言葉に、すごく反応します。

Bタイプの人の仕事は、会社の財産にしやすい

上司にケアしてもらうことが好きなBタイプの人は、Aタイプとは逆で、日報を書くのも好きです。とても細かく書きますし、議事録の作成に半日かけてしまうのもこのBタイプ。

そんなことから、この**Bタイプの人の仕事は、メソッド化しやすい**。

仕組を作ることが大好きなので、そのまま会社の仕組として財産にしやすいのです。そのあたりも、「結果はだすけど一匹狼的な仕事をするAタイプ」とは逆ですね。

指示されるのが好きで、仕組化が得意ということで、仕事では、人事とか、秘書業務と

か、教育担当などが合っています。面接官とか、オリエンテーション担当なども、喜んでやってくれます。

欠点としては、仕組化が好きなあまり、臨機応変な対応ができない、融通が利かない傾向があること。

自分が作り上げた仕組が変更されたりすると、重要感が損なわれて、「どうして変更したんですか？」なんて、主張してくることもあります。

このBタイプの人が多いのは、大企業のバックオフィス。パワフルな名刺で仕事をしてしまって、業者をアゴで使ってしまうことがあります。Bタイプの人が調子に乗っていたら、Aタイプの人と同様に、周りへの感謝を忘れないように、釘を刺してあげることが必要です。リーダーに据えた場合も、「人は皆、違っていて当たり前」という、リーダーの心得を伝えてあげるとよいと思います。

POINT

Bタイプはやり方をケアして、仕組化のうまさを活かす

タイプ別の対処法

Cタイプの「やる気の引き出し方」

Cタイプと Dタイプは、とにかく「愛とつながり」を重視します。

ですから、同じ褒めるにしても、重要感を刺激するというより、あなたが他の人たちの役に立っていて、周りの人たちが喜んでいる、ということを伝えてあげてください。

「あなたの働きが、会社にこんな利益をもたらしてくれたよ」

「君が作ってくれた資料のおかげで、ものすごく助かったよ。ありがとう！」

そんな言葉が響いて、やる気につながります。

営業と異なり、自分の会社への貢献度が数字でわかりにくいスタッフに対しても、**「あなたが作ってくれる請求書とか資料で、営業がどれだけ助かっていることか！ フロントに立つ人間は、そういう人たちがいないと成り立たないんだよ」**と伝えてあげてください。

あと、「感謝」という言葉がすごく響きます。

「このあいだ営業の〇〇君が感謝してたよ」

そんな言葉が栄養になるのが、ＣタイプとＤタイプ。

ですから、「お客様からの感謝の声」をまとめる仕事を頼んだりすれば、「ウチの会社って、こんなにお客様から感謝される会社だったんですね」と、感動してくれます。


このうち、Ｃタイプの人は、変化を好みます。

ですから、面談や日報などの内容を見て、**「今の仕事に少し飽きてきたかな？」と思ったら、定期的に新しい仕事の進め方を指示したり、ちょっと肩書を変えてあげたりするのがよいでしょう。場合によっては、異動の打診をしてあげる**ことも必要です。

変化を好みますから、仕事上の改善策を自ら考えてもらうのもいい。

「今のやり方を、営業たちのために、もう少し効率化してくれないかな」

「苦労して手作業でやっているあの作業を、電子化してほしいんだけど」

「これからの時代、印鑑をなくしていきたいのだけれど、会社のために、その方向で業務改善してみてくれないか」

そんなお願いをすると、「みんなのために頑張ろう！」と思って、喜んでやってくれます。

また、Cタイプの人は、自ら提案をしてくることもあります。

「会社のホームページ、少し古臭くなってきたので、リニューアルしたいのですが」

「ありがとう。みんなも喜ぶと思うよ。じゃあ、業者さんを探してみてくれる？」

リーダーとそんな会話ができるのが、Cタイプの人です。

Cタイプにリーダーになってもらうには？

Cタイプの人にリーダーになってもらいたいときは、どう打診すればよいのでしょう？

このタイプは「もうキャリアもあるんだから、上に立たなきゃだめだ。周りをどんどん引っぱっていってほしい！」と強要してはいけません。

このタイプは、そもそも「上に行きたい」「目立ちたい」という欲求は持っていないので、無理にリーダーにしても、ストレスにしかならないのです。

それがわからないと、「ガンガン行こうぜ！」と上司のほうだけが熱くなって、本人をつぶしてしまうことにもなりかねません。

では、どうするか？　基本的には、「今のままのスタンスでよい」ということを伝えて、安心させてあげてください。

「リーダーになっても、今のまま、周りと協力してやっていくというスタンスでいいから」
「別に、〇〇君みたいに、周りをグイグイ引っ張って、人前でしゃべって、上を動かして……なんて、そんなことは求めてないから」
「あなたのやり方でやってもらえれば、それでいいから」

こんなふうに伝えて、**「みんなのために、リーダーをお願いできないか？」**と伝えれば、その気になってくれます。

そうやってリーダーになってもらえたら、先ほど言ったように、「ここを、こんなふうに改善してもらえると有り難い」と、課題を与えるようにすれば、もともと変化が好きなので、チーム員とのつながりを大切にしながら、良いリーダーになってくれるのではないかと思います。

POINT

Cタイプは、「変化」と「感謝」がモチベーションになる

タイプ別の対処法

Dタイプの「やる気の引き出し方」

Dタイプの人は、安定欲求が強くて、「愛とつながり」を重視します。「あの人がいればいい」「あの人のもとで働きたい」と思うタイプ。

こういう人は、やる気を引き出すまでもなく、仲間と協調して、仕事を淡々とこなしてくれます。問題を起こすこともほとんどありません。頼みもしないのに、オフィスに飾られている生花に毎日水をやってくれるのも、このタイプです。

Cタイプと違って、変化を好みませんから、新しい仕事はストレスになります。

ですから、新しい仕事を頼みたいときは、「まず、関連する業者さんを検索して何社か候補を挙げてみてくれる？」などと、**作業のメニューを提供してあげつつ依頼**すれば、すんなりと新しい仕事にも取り組んでくれます。

リーダー役の強要は基本的にNG。ただ、リーダーではなく、たとえば、「オフィスの生花大臣」に任命して、「**いつも花の世話をしてくれてありがとう! おかげで、毎日、とても気持ちがいいよ**」などと評価してあげると、プレッシャーもかかりませんし、とても喜んでくれます。

それこそ、お茶を入れてくれたときに、「**ああ、ちょうどノドが渇いていたんだ。いつも、美味しいお茶をありがとう!**」と伝えてあげるだけでもいい。

「**今度、社内の飲み会をやるから、みんなが喜びそうなお店を探しておいてよ**」と言うだけで、喜んで穴場の面白いお店を探し出してくれたりします。

「**愛とつながりの人**」**なので、**「**いてくれて、ありがとう**」**と**「**存在**」**に感謝する**ことです。逆に「疎外感」にはめっぽう弱い。1人でランチができないのがこのDタイプです。

「私なんて」に注意

自己重要感が高くないので、つい「**私なんて**」**と思ってしまう**のもこのタイプです。

コロナ禍のときに、女性スタッフの1人が、「私なんて、営業と違って会社の利益に貢献できなくて……」みたいなことを言っていたので、思わずこう伝えました。

「とんでもないよ。今、ウチの会社で一番キャッシュを生んでくれているのは○○さんじゃないの。営業は今、新型コロナでなかなか身動きが取れないけど、○○さんは、助成金の手続きを一所懸命にやってくれたじゃない！」

そう言ったら、目を見開いていましたね。

Dタイプの人が、「私なんて」と思っていたら、**「いやいや、とんでもない。営業が頑張れるのは、あなたがバックで支えてくれているからじゃない。ちゃんとバトンをリレーして、つながって、役に立っているんだよ」**ということを伝えてあげてください。

もう1つ。このDタイプの人は、周りの人間関係がよく見えてしまうために、「今、○○さんが、人間関係でとても悩んでいるみたいです」と、他人のことが心配になって、自分の仕事が手につかない状態になることがあります。

リーダーであるあなたに相談してくることがあったら、「他人のことはいいから、自分の仕事に集中してくれよ」などと、けんもほろろに言ってはいけません。

まずは、感謝ですね。

「教えてくれて、ありがとう。そういうところに気がつくのがDさんのいいところだね。助かるよ。あとは僕に任せてね。僕のほうから話をしてみるけど、そのときにDさんの名

前をだしてもいい？」

「いえ、私の名前はちょっと……」

「わかった。それじゃ、Dさんの名前はださないで、本人に聞いてみるね」

と、こんな感じで、Dタイプの人が抱え込んでしまった「他人の悩み」を引き取ってあげる。そして、前述の「魔法の接続詞」である「そのうえで」を使って、その問題とDさんを切り離してあげてください。

「○○さんの悩みに気がついて、教えてくれてありがとう。そのうえで、Dさんが○○さんの悩みを抱えても解決はできないから、あとはもう、僕に任せて、○○さんの悩みは○○さんの悩みとして、自分から切り離してね」

Dタイプの人は、愛とつながりを重視するあまり、仲間の悩みを自分の悩みのように気に病んでしまうなど、人間関係の問題で、結構ダウンしやすい。

ガラスのように繊細な部分があるので、要注意ですね。

POINT
Dタイプには、周りの役に立っていることを伝え、重荷を与えない

「4タイプ別分類」への2つの前提

4つのタイプ別の対処法、いかがでしたか？

前述のように、私は、このマトリックスでチーム員のタイプを分類するようになってから、マネジメントがすごく楽になりました。

では、ここで、この「4タイプ別分類」の大前提を2つお話ししましょう。

◎「4タイプ別分類」に関する前提1　やる気と切り離して考える

私自身は、声もリアクションも大きくて、自他ともに認める、「さあ、行こうぜー！」というタイプの人間です。

こういう、私のようなタイプの人から、Dタイプの人を見ると、声もリアクションも小さい。そうすると、つい、「おい！　もっと声だして行こうぜ！」「やる気、あるのか！」

なんて言ってしまう。これ、要注意です。

大きな声をださないのは、あくまでも**「タイプ」の問題であって、「やる気」とは無関係**だと肝に銘じておいてください。「自分と同じように、ハキハキしていなきゃだめだ!」なんて判断してしまうのは、非常に危険です。

やる気が表にでるタイプと、やる気が表にでないタイプがいる。

「やります!」と大きな声で宣言してできない人もいるし、静かに闘志を燃やしてやり抜くタイプもいる。それを、忘れないようにしてください。

◎「4タイプ別分類」に関する前提2　組織には、「4タイプ」の全員が必要

とても不思議な事実があります。それは、たとえば、ある組織にいわゆる番長タイプの人が1人いたとして、その人が何らかの理由でいなくなると、なぜか、ちゃんと別の人がその地位につくという事実。

これ、本当に不思議なんですが、組織というのは、そうやって、すべてのタイプの人がバランスよく配置されるように、「神の見えざる手」のようなものが機能するようなのです。

なぜ、そんなことが起こるのかというと、私は、「たぶん組織にとって、すべてのタイプの人が必要だから」なのだと思っています。

Aタイプの人が、自分の言うことを聞くDタイプの人ばかりを集めると、いつまでも自分が数字をつくる必要があるため、組織が成長しないという話をしましたね。

たぶん、**組織というのは、4タイプすべての人が集まって、お互いに補完し合ってうまくいっているの**でしょう。

ですから、**組織には4タイプの全員が必要**。これも大前提です。

すべてのタイプの人がいて、それぞれの行為が影響し合って会社に利益を生み出している。それこそ「バタフライエフェクト（南米でチョウが羽ばたくとアメリカで竜巻が起こる。つまり、小さなことが、めぐりめぐって大きなことの原因になるという意）」のたとえのとおり、すべてのことがつながり合っているのですね。

リーダーは組織を俯瞰《ふかん》して、人を活かしていくのが仕事

4つのすべてのタイプの人たちが集まっている組織。

その組織を俯瞰して、全体を見ることができるのがリーダーです。

そして、組織の人たちをうまく活かして、組織を成長させるのがリーダーの役割。

私は、組織にも四季があると思っています。

つまり、**「攻める夏」もあれば、「耐える冬」もある。「種蒔《ま》きの春」もあれば、「収穫の秋」もある。**さしずめ、コロナ禍は「真冬」でしょうか……。

そんな、春夏秋冬に合わせて、「今期は、Aタイプの人たちを主人公にして、ガンガンいくぞ！」とか、「今期は、Cタイプの人たちに頑張ってもらって、事務改善だ！」とか。

季節に合わせて主人公を決めてあげる。

そういうことをするのがリーダーの役割だと思っています。

「成長」と「貢献」の欲求を使って、マトリックスのすべてのゾーンの人たちを、うまくくすぐることができる人。

私は、それが優れたリーダーだと思っています。

POINT

4タイプが全部揃ってこそ、組織はパワーを発揮できる！

チーム員をやる気にさせる面談の方法1

準備編

私は第1章で、「リーダーがチーム員の心をつかむのに、もっとも有効な方法は、『面談』である」とお伝えしました。

では、チーム員にやる気を起こさせるのに、もっとも有効な方法はなんでしょう？

私は、これもまた、「面談」だと思っているんです。

私が以前いた営業会社は、毎月、チーム員がガラガラポンで再編成されるという仕組でした。

つまり、リーダーをしていると、毎月、チーム員が入れ替わる。

そのチーム員の心をつかみ、やる気になってもらうためには、やはり、チーム編成後の最初の面談が勝負でした。

ちょっと奇をてらった方法ですが、若いメンバーにやる気を出してもらうために、いきなり私の給与明細を見せたこともあります。

「頑張れば、月にこれだけもらうことも可能なんだ。これだけもらえたら、人生が変わるよね。だから、やろうぜ！」と。

そんなことをやるくらい、最初の面談で、「このリーダーは違う」と思ってもらって、やる気になってもらうことを重視していたのでしょうね。

面談は、事前準備が命

この面談の前には、新しいチーム員について、事前の情報収集は欠かせませんでした。

まずは、名前を完璧に覚えておく。これは基本中の基本。

面談のスタートで、「えーと、君、名前はなんだっけ？」なんて、最悪です。

あとは、何年に入社したかとか。

この営業会社では、私は入社7カ月で主任になったため、チーム員の多くが先輩社員。

ですから、こんなふうに言っていました。

「〇〇さんは、僕よりもキャリアは長いですし、数字も作ってきた方なので、逐一、報告

をしてくださいとは言いません。ただし、数字がでなければ、僕も会社からお預かりしてる立場なので、正直、今月の〇日くらいまでに、△△くらいの数字に行っていなければ、申し訳ないけど言わせていただきます。そこは、わかっていただけますよね。そういう1カ月にしましょう」

相手の実力を尊重したうえでの「条件づけ」ですね。

何しろ、たったの1カ月でメンバーが変わりますから、最初にこれを言っておかないと、「少し数字が伸びていないけれど、先輩だし、口出ししにくいな」なんて思っているうちに1カ月が終わってしまいます。結果、目標未達では目も当てられませんから、こっちも必死でした。

あと、面談前には、その人の過去数カ月分の売上の数字を分析。

そのうえで、最初の面談にあたって、「**過去最高の数字を持ってきてください**」とお願いをしていました。

面談では、その数字を見させてもらって、「**この数字があなたの普通の数字だと思って向き合いたいと思っています**」と。

「人は、最高の瞬間で評価されるべきである」

アメリカのある著名な思想家の言葉ですが、この言葉にはどれだけ影響を受けたかわかりません。私がメンバーと向き合う際のモットーとなっています。

そして、私のこの面談での言葉は、同時に、「**今月は、過去最高を超えてくださいね**」という暗黙の宣言にもなります。

もしかしたら、「コイツ、ふざけやがって」と思ったチーム員もいたかもしれませんが、それで奮起してもらえるなら、営業チームとしては成功だと思っていました。

このように、チーム員にやる気をだしてもらう面談をやるには、下調べをしておくことが前提です。

「あっ、このリーダー、準備してきている」って、思ってもらう。

そのためには、準備してきたことを行動で見せないといけない。

学校の先生だって、初日からクラス全員の名前を覚えていくのは、すごく大事なことだと思います。

POINT

やる気にさせる面談は、下準備が大前提

チーム員をやる気にさせる面談の方法2

質問編

下調べを万全にしてチーム員との面談に臨んだあなた。

いよいよ、チーム員のやる気を引き出すのはここからです。

どうすればよいかというと、秘訣は明確にただ1つ。

それは、**「質問」をすること!**

なぜなら、人間の脳というのは、質問をされると必ず答えを考えるようにできているんですね。ですから、私は、面談で、そのチーム員の目標が明確になったら、こんなふうに聞くようにしています。

「それが達成できたら、誰にどんな貢献ができると思う?」

この章の最初に、現代心理学では、人の欲求を6つに分けていると言いましたよね。

そのうちの、**第5欲求「成長の欲求」と第6欲求「貢献の欲求」に訴えかける質問をする**わけです。

いきなりこんなことを質問されても、「ええっ？」と面食らうチーム員もいます。

相手がそういう反応でも、決して責めません。

「いや、いいんだよ。最初から、『社会に貢献します！』なんていう人はかえって怪しいからね。でも、仕事をやっていって、成長すると、だんだん誰かに貢献できるようになるから、これからは少し、そのことも頭のなかにイメージするようにしてみてね」

そうやって、「思考の種」を仕込んでおくと、次の面談では、「あれから考えたんですけど、自分が成長して、お金を稼いで、いつか両親に温泉旅行でもプレゼントしたいなって思いました」なんて、言ってきたりします。

そうやって、**「自分ごと」の未来のビジョンを持ってもらうようにする**んです。

重要感の欲求×貢献の欲求＝無限大

余談ですが、重要感の高い人は、もともと「成長の欲求」が高いので、そういう人がさらに「貢献の欲求」に目覚めると、すごいことになります。

かつて、WBC（ワールド・ベースボール・クラシック）に出場したときのイチロー選手がそうでした。それまでのイチロー選手は、自分の安打数とか、個人の記録にしか関心がない、超ビジネスライクな人間だったんです。それが、WBC第1回大会では、「優勝して、尊敬する王監督を男にする！」「日本の野球界の凄さを世界に示す！」という、「貢献の欲求」に火が点《つ》いた。

第2回大会では、最初は思いが強すぎたのか不振でしたが、最後の最後、その思いは実を結び、日本は延長戦の激闘の末、イチロー選手の勝ち越しセンター前ヒットで韓国をやぶり優勝をしました。

あのとき、イチロー選手が放った気力のヒットは、感動的でしたね。

あれは、イチロー選手のなかに芽生えていた「貢献の欲求」が生んだヒットだと、私は勝手に思っているんです。

というのも、実は、私自身が「貢献の欲求」に突き動かされて、自分の力以上の力を発揮した経験があるのです。

それは、営業会社に勤務していたときのこと。尊敬するT支部長が、左遷のような人事で飛ばされてしまったんです。恩人であるT支部長への仕打ちは、私のなかですさまじいエネルギーになりました。

「絶対に、営業でトップになって、表彰式の挨拶で、『僕をここまで育ててくれたのはT支部長です。僕がトップになれたのは、（あなたたちが左遷した）T支部長のおかげです』ってスピーチしてやる！」と決めて、その思いが強烈なエネルギーになってトップになることができました。

T支部長への恩返しという「貢献の欲求」が大きな原動力になったのです。

そんなわけで、面談では、

「この仕事をやり終えたら、どれだけ成長できると思う？」

「目標を達成できたら、誰にどんな貢献ができると思う？」

などの質問で、ぜひ、チーム員の「成長の欲求」と「貢献の欲求」を刺激してあげてください。

POINT

面談では、「成長の欲求」と「貢献の欲求」を刺激する質問をする！

チーム員をやる気にさせる面談の方法3
示唆《しさ》質問編

面談での質問には、正攻法の質問のほかに、「示唆質問」というものがあります。

「示唆」は、「それとなく知らせる」とか、「暗示する」というような意味ですね。

この示唆質問は、「なかなかやる気にならないメンバー」を、その気にさせるときに力を発揮します。

チーム員のなかには、やればできるクセに、必死になっている周りのメンバーを見て、「なんで、あんなに必死になって頑張ってんの？　会社にいるだけでもお金はもらえるのに」なんて、ちょっと斜《しゃ》に構えている人っていませんか？

人間というのは、ある程度の「痛み」が連想されないと、やる気が起こらないもの。

借金を返さなければいけないとか、極貧生活の苦しさを知っていることが、仕事のモチベーションになったりします。

組織を預かるリーダーとしては、そういう「やる気がない人」がいて、他のメンバーの幸福度を上げる妨げになっているのだとしたら、その人に、「痛み」を連想させてあげないといけない。そのときに、この示唆質問が使えるのです。

たとえば、痛みを意識させたい相手が営業パーソンなら、目標とする数字を決めたあとで、「できますか？」「できます」と確認してから、こんなことを言ってみる。

「もし、この数字が達成できなかったら、評価はどうなると思う？」
「ダメだったら、今のポジションを他の人に譲らなくてはならなくなるかもしれないよ。そうなったら収入面はどうなると思う」

この言葉で、聞いた側は、それまで「目標の数字なんて、形だけのもの」なんて思っていたのが、突然、「すぐそこに迫っている痛み」に気がつくことになるわけですね。

黙っていても**「やる人」というのは、「やらなければどうなる」という「痛み」がイメージできている人**なのだと思います。

ですから、「痛みがわかっていない人」「痛みがないと思い込んでいる人」には、多少、言いにくくても、リーダーとして、「痛み」を伝えてあげるべきなんです。

「やる気」は「コントロール領域」の仕事ぶりで判断

ただし、ここでも、**「やる気と結果は別」**ということを忘れないでください。

たとえ、「目標の数字にいかなかったら……」と約束をしたとしても、仕事には、「コントロール領域」と「非コントロール領域」があります。

電話営業で例を挙げれば、「コール数」というのは、自分でコントロールできる「コントロール領域」、お客様の都合も関係してくる「売上額」は、「非コントロール領域」ですね。ですから、売上額が未達でも、情状酌量《しゃくりょう》の余地があります。

結果と行動は分けて考えてあげてください。

私は、スタッフと約束するときは、たとえば次のような会話をするようにしています。

「〇〇についての提案書はいつまでにできそう？」
「とりあえず、来週の火曜日の3時までにはできます」
「じゃあ、火曜日の3時ね。その提案書は、一発でオーケーになると思う？」

「うーん、ならないと思います」

「であれば、この火曜日の3時までに何回チェックしてもらったらいいと思う？」

「2回くらいはチェックしてもらったほうが」

「オーケー。じゃあ、1回目のラフ案はいつだす？　2回目はいつだす？」

「ラフ案が明日で、2回目は金曜日に」

「わかった。じゃあ、頼むね」


こういう会話をして、その約束がやぶられたら、これはもうダメですよね。

この「締め切りを守る」というのは、「コントロール領域」の仕事ですから、約束の期限に出さないというのは、「やる気がない」という判断をします。

そういう意味で、私は、「非コントロール領域の大きな失敗」よりも、誤字・脱字とか、日付間違いとか、**「コントロール領域の小さなミス」のほうを、あえて叱る**ようにしています。面談での示唆質問。相手のために、勇気を持って使ってください。

POINT

示唆質問で「痛み」を想像させて、やる気を引き出す！

愚痴ばかり言うチーム員への対応は？

口を開けば愚痴ばかり言って、チームの雰囲気を悪くする……。
あなたのチームには、そんな人はいませんか？
そんな愚痴大魔王に対しては、どんな対応をすればよいのでしょう？

こういうチーム員に対しては、まず、ちゃんと1対1で、「愚痴というものが、いかに、周りのチーム員のやる気やテンションを下げて、組織のパフォーマンスを毀損《きそん》するか」ということを教えてあげないといけないと思います。
そこで、面談でハッキリとこう伝えます。

「あなたが愚痴を言うことで、もし、チーム全体のパフォーマンスが上がるんだったら言

ってくれていい。でも、上がらないんだったら言うのはやめてくれないかな。もし、どうしても愚痴が言いたかったら、周りに毒を吐くのはやめて、私に直接言ってほしい」

そう伝えて、それを約束してくれと。

もし、それが約束できないなら、私は、「辞めてくれ」と言います。

「もし、今、言った約束を実行できないなら、申し訳ないけれど、周りのメンバーのためにも、辞めてもらうしかない」

その愚痴が、まったく建設的でない愚痴で、周りに悪影響を与えて、しかも、それをやめる気がない……そういう場合は、本当に会社を辞めてもらうくらいの対処をしなければいけないと思っています。

気をつけるべきは、「組織を変えたい」とか「自分を変えたい」という、ポジティブな思いから愚痴を言っている場合です。

これは、**たとえ不平不満であっても、正しい方向に使えば、組織や言っている本人の成長につながる**かもしれない。

そういう意味合いの愚痴に対しては、私は、徹底して向き合うようにしています。愚痴を言っている本人に、「愚痴を言っているだけでは、自分が損するだけだよ」と伝えて、**「愚痴を言う暇があったら、組織を良くするとか、自分の人生を豊かにすることを考えようよ」**という方向に持っていってあげます。

「ネガティブ基金」を設立？

ただ、「あー、もう、どうしてこう、うまくいかないんだろう」なんて、ついつい、ネガティブな言葉を口にすることなら、誰にだってありますよね。

偉そうなことをさんざん言っていますが、正直、私にだってあります。

そんな、「つい、うっかり口から出てしまう程度の愚痴」への対策として、以前、営業会社にいたとき、「ネガティブ基金」という、ちょっと面白い試みをやったことがあります。

何をやったかというと、**「ネガティブ基金」用の貯金箱をオフィスに設置して、「何かネガティブなことを言った人は、1回言うごとに100円を入れなければならない」というルールを作った**んです。

そして、月末になったら、その貯金箱に貯まったお金で、みんなで飲みに行く。

そんな、冗談みたいなことをやってみたら……。

「あっ、今の言葉、ちょっとネガティブですよね。はい、100円よろしく！」

お互いにそう言い合ったりして、「ネガティブな言葉」のチェックを、ゲーム感覚で楽しめるようになった。

そう。不快なはずの愚痴が、みんなの快楽に変わったんです。

笑ってしまうような話ですが、それによって、本来なら周りのテンションを下げてしまう、愚痴とかタメ息とか、そんなものを「チーム員の笑顔の材料」に変えることができました。

もし、周りに、無意識にタメ息をつくのがクセになっている人がいたら、この基金を実施することで、「自分が、いかに仕事中にタメ息をついていて、周りのテンションを下げてしまっていたか」に気づいてもらうことができるかもしれませんね。

POINT

チーム員の愚痴は、その種類を見極めて対応する

自分よりも年上のチーム員への対応は？

たとえば、あなたがファミレスやコンビニで働いていて、店長に抜擢されたとします。あるいは、職場で、係長に昇進した……と、若くして抜擢されたのはよいけれど、そのチームのなかに、自分よりも、10歳も20歳も年上のメンバーがいたとしたら……。ちょっと、やりにくさを感じることでしょう。

ましてや、そういう**年上のメンバーに、やる気をだしてもらいたいときには、どんな言い回しをすればよい**のでしょうか。

営業会社時代に、私がリーダーのお手本にしたT支部長は、部下に対しても常に丁寧な言葉で話していました。

実力主義の営業会社では、部下を顎《あご》で使うような人もいるなか、T支部長は部下に対しても常に敬意を払っていました。

これ、正解ですね。相手によってコロコロと態度を変える人は信頼されません。誰と話すときも同じ態度を取りたいなら、誰とでも丁寧な言葉で話すのがわかりやすい（私は、どちらかといえば、心が通い合ったチーム員と、砕けた言葉づかいをするタイプですが、その前提には、敬意と愛情がなければいけないと思っています）。

とくに、チーム員が年上の場合は、親しげに話すだけで、「上司になったからって、なめやがって」なんて思う人がいないともかぎりません。やはり、**普段の言葉づかいは「丁寧な言葉」が基本、**で間違いないでしょう。

年上のチーム員をやる気にさせるには？

やっかいなのは、そういう「年上のチーム員」に、もう少し奮起してもらいたいとき、どんな言葉をかければよいか？　ということです。

そんなとき、私は**「構成要素の分離」**という考え方をしています。

どういうことかというと、**「相手のほうが年上」という要素と、「仕事では私のほうがリーダー」という要素を分けて考える**ということです。

日本人はとくに権威に弱くて、医者、弁護士、政治家というだけで「先生」なんて呼ぶクセがあります。でも、**たまたまその人が、医学、法律、政治のプロだというだけで、自分よりも人間的に勝っているかというと、それはまったく別の話**ですよね。

これを会社に当てはめれば、自分はたまたま、「この会社のこの仕事というジャンルで、相手よりも上の立場、役割になっているだけ」ということ。

それを踏まえて、年上のチーム員と初面談で話すなら、たとえばこんな感じです。

「若輩者の僕ですけど、組織をお預かりすることになりました。これから、人生の先輩の○○さんにいろいろお話しさせていただくわけですが、僕は、営業という部分では、誇りを持っていますし、○○さんの未来にもお手伝いができると思っています。共に、良い未来を作っていくために、上司として向き合わせていただきますので、よろしくお願いします」

あくまで、「営業」という側面で、自分がリーダーとして「人生を良くするお手伝いができる」ということを宣言するのですね。

そして、年上のチーム員に、もっとやる気になってもらいたいのであれば、臆《おく》することなく、**「人生の先輩に対して、申し訳ありませんが」**と前置きをして、こんなふうに切り出すのがよいと思います。

「正直、人生の先輩の○○さんにお伝えするかどうか、僕もすごく迷いました。迷いましたが、そのうえで、こと営業に関しては、今、僕は上司としてお仕事をさせていただいているので、営業というポジションに関してお話しさせてください」

「営業に関しては、数字が上がる、数字をマネジメントしなきゃいけないというのが僕の仕事なので、そのために必要なことをとしてお伝えします」

こう切り出して、奮起を促す「示唆質問」へと展開していくのです。

あと、自分がリーダーになった組織に、経験豊富な先輩がいるときは、次のように言って花を持たせてあげると、自尊心がくすぐられて、右腕になってくれるかもしれません。

「正直、商品知識は○○さんのほうが上だと思うので、僕も教えてもらいたいから、商品知識のレクチャーをチーム員にしてもらってもいいですか？」

花を持たせたうえで、**「数字は達成しなければいけないので、ここは、ごめんなさい、しっかりと握らせてもらいます」**と、数字目標は分離する。それが大事です。

POINT

「仕事上の立場」と「年齢」を分離して考える

「やる気」は、マインドに宿る！

会社である以上、売上を立てて、利益を上げなければ、存続することができません。

それは、大前提です。

「お金儲けのことは考えていないよ」なんていう経営者は、1人もいないでしょう。

リーダーも一緒で、その組織を任されている以上、会社に対して、利益を上げること、スタッフ部門であっても、利益に貢献することが使命です。

それは十分にわかったうえで……。私は**チーム員に対して、会社の利益だけを伝えるリーダーにはなりたくない**と思っています。

考えてみてください。現在、日本には380万社を超える会社があるのです。

そのなかで、たまたま、時間と空間が合致して、同じ会社で働いている。

それって奇跡のような出会いだと思いませんか？

同じ時代に、同じ職場で、同じ時間を共有しているという、この奇跡。**同じチームのメンバーは、「貴重な生きている時間」を共有する仲間**です。

そのつながりが、お金だけって……それでは、つまらないと思う。

ですから、私は、チーム員に「仕事道」のようなものを伝えたい。

高校野球の名門、PL学園で、桑田真澄さんや立浪和義さんなどを指導された中村順司監督（当時）は、選手たちに「球道即人道」と説いていたそうです。「野球の道は、人の道である」と。

素晴らしいと思います。ですから、私は、**「仕事道は生きる道」**だと伝えたい。

マインドが、行動につながる

私が常日頃から「仕事道」を訴えているからかどうかはわかりませんが、ウチの社員たちは、本当に「仕事を超えた仕事」をしてくれていると感謝しています。

たとえば、あるメンバーは、コロナ禍で外回りに行けず、在宅勤務中、自発的に毎日300件もの電話営業をしていました。これを知ったときには、感謝を超えて尊敬してしまいましたね。

また、私には、夜中の1時半でも、社員から仕事に関するメールが届くことがあります。理由は、「すぐにやりたかったんで、今、いいですか」とか、「一刻も早くお知らせしたくて」とか……。そんな時間、普通はプライベートの時間なのに、家でも仕事のことを考えてくれているんですね。有り難いです。

また、あるセミナーのとき、受付役の秘書が会社に領収書を忘れたからと、朝の5時に会社に寄ってからセミナー会場に駆けつけてくれたことがありました。

領収書なんて後日でもよいのに、「今、できることの最善を尽くしたい」という思いで、早朝に、会社に寄ってからセミナー会場に来てくれたんです。

セミナーといえば、こんなこともありました。

セミナーでは、私はいつも自分専用のマーカーを使っています。ちょっと太くて珍しいもので、イチロー選手が他人のバットで打席に立たないのと同じように、私も必ずそのマーカーしか使いません。あるとき、たまたまその日のセミナー会場に同じマーカーが常備されていて、それを見た入社したてのスタッフは、「今日は会場のマーカーを使ってもらえばいいかな」と思ったらしい。

そうしたら、前掲の秘書がこう言ったそうです。「**ちゃんと換えなくちゃダメだよ。代**

表が使うのは、単に同じマーカーではなくて、想いが入った自分のマーカーだから」。

このやり取りを知って、感動しました。「**ああ、ちゃんと、仕事の意味合いというか、マインドが伝わっているんだ**」と。

これらの社員たちの行動は、どれも、仕事を超えた「想いのこもった仕事」です。

結局、**本当のやる気は、利益を上げたいという即物的な考えではなく、もっと上位に存在する「仕事道」みたいな精神によって生まれるのではないか**と思うのです。

「仕事」を単に、「お金を稼ぐための手段」だと思っているようでは、先に挙げたような行動はできません。

やる気はマインドに宿る。

ですから、私はリーダーとして、利益だけでなく、何のために働くのかという「仕事道」について語り、チーム員の「仕事へのマインド」を育てるお手伝いをできたら素晴らしいなと思うのです。

POINT

リーダーは、チーム員の心に「仕事マインド」を育てよ!

column 2

リーダーに役立つ、リーダーの言葉

若き頃、リーダーのあり方について学ぶことに目覚めた私。その私が、これまでに学び、心に刺さった、リーダーたちの言葉をいくつか紹介しましょう。

◉「仕事での人間関係は、仕事でしか築けない」

SBIホールディングス代表取締役社長CEOの北尾吉孝氏の言葉です。どういうことかというと、「仕事において誠実な人間」が誠実な人間であり、「仕事において言い訳をする人間」は言い訳をする人間でしかない。「仕事において達成思考な人間」は人生においても達成思考だし、「仕事において達成思考じゃない人間」は他でも達成思考ではない。そして、「仕事において信頼できる人間」は、人生においても信頼できる人間だということ。つまり、**仕事というのは、その人のすべてが見える。**だから、仕事における絆《きずな》は、どうしたって、仕事でしか築けないと……。この厳しい言葉、大好きです。

◉「中間管理職と真のリーダーの微妙な半歩の違いは、プレッシャーのもとで優雅さを保てるかどうかであろう」

敬愛するアメリカ第35代大統領ジョン・F・ケネディの言葉です。つまり、プレッシャーがかかったときにあたふたするようなリーダーは、単なる中間管理職でしかないと。大ピンチに、優雅にふるまうのが本物のリーダーシップだと。これは、私にとっては、「リーダー像」を明確にしてくれた言葉です。この言葉にならって、私はどんなピンチにおいても、社員の前では「大丈夫だ、みんな！　やれることをやろう！」なんて優雅にふるまうよう心がけています。

◉「綸言汗《りんげんあせ》の如《ごと》し」

出典は中国の『漢書』です。「綸言」とは「天子の言葉」のこと。**「天子（皇帝）の言葉は、汗のように、一度出してしまったら、取り消しや訂正はできない」**という意味です。

最近の政治家は、すぐに失言を取り消しますが、本来、リーダーたるもの、一度口にしたら、もう取り返しはつかないという覚悟を持って言葉を発するべきなんです。**リーダーとは、すべての言葉に責任と根拠を持ち、自分のすべてをかけてメッセージを発する存在**である。リーダーとして、肝に銘じている言葉です。

◉「リーダーは、今、好かれようと思ってはいけない」

アサヒ飲料の元社長、植松増美氏の言葉です。実は植松氏は私の高校の大先輩であり、父の知人。大学生のときにお目にかかったことがあり、これは、そのときに直接伺った言葉です。**「リーダーは、今、好かれようと思っちゃダメだ。今は嫌われても、5年先か10年先か、あるいは死ぬ間際なのかはわからないけれど、相手がいつか、『自分の人生が輝いていたのは、あの人のあのひと言があったおかげだったな』と、そう思ってもらえる存在が本物のリーダーなんだ」。**

今、好かれようと思えば、簡単ですよね。きれいごとを言っていればいい。でも、真のリーダーは、相手の未来のために、ときには厳しいことも言わなくてはならない場面があると……。この言葉を伺ったとき、とても感動したのを覚えています。

◉「何によって人に憶えられたいか。その問いかけが、人生を変える」

私をリーダーにしてくれた名言。最後はピーター・ドラッカーの言葉です。私はこの言葉をすごく大切にしていて、自分が死んだとき、周りから、自分について「どんな人間だった」と言ってもらえるか……。それをイメージする時間を定期的に設けています。

尊敬する稲盛和夫氏は、**「人格は仕事でしか磨けない」**とおっしゃっていますが、私も、**「仕事というのは、自分の人生という作品を形作るための彫刻刀」**だと思っているんです。つまり、「言い訳という彫刻刀」で彫るか、「こだわりという彫刻刀」で彫るかで、最後にできあがる「人生」という名の作品がまるで違うものになる。

私のセミナーでは、「自分の弔辞を書く」というワークをやることがあります。これをやると、自分のビジョンが明確になるからです。

ちなみに、このworkという単語。theという冠詞をつけて、Wを大文字にして最後にsをつけ「The Works」と書くと、「作品」という意味の名詞になるんです。まさに、「仕事というプロセスで人生という作品を作る」という考え方に合致していて、これを知ったときにはすごく驚きました。

私は、**社員たちに「素晴らしい彫刻刀」を贈る人生を歩みたい**と思っています。

第 3 章

チーム員に
自信を持たせる、
リーダーの話し方

スモールステップを認めて、褒める

第3章は、「チーム員に自信を持たせる、リーダーの話し方」についてです。

言うまでもないことですが、チーム員のなかには、私のように、イケイケドンドンの人もいれば、前にでるのがあまり好きではなくて、何ごとにも消極的、そして、そもそも「自分に自信が持てない」という人もいます。

イケイケドンドンの人は、放っておいても勝手に突き進むので、最初に、ある程度の方向づけをしてあげて、あとは定期的にフォローをして、暴走（？）を防いであげればよいと思います。

では、「自分に自信が持てないタイプ」のチーム員に、自信を持ってもらうためには、リーダーとして、どんな話し方をすればよいのでしょう？

私は、こういうタイプのチーム員に対しては、**「スモールステップを認めてあげる」の**
が一番だと思っています。

世の中って、ともすると、「売れたか？　売れないか？」「締め切りまでに、間に合ったか？　間に合わなかったか？」「合格だったか、不合格だったか？」と、「0か100か」で評価されがちです。

本来は、そういう「0か100か」という評価をしてはいけないのですが、企画書とか提案でさえ、「良い企画か？　悪い企画か？」という二択で判断されてしまうことが多いように思います。

私は、この**「0か100か」という判断基準が、「自分に自信が持てない人」の自己肯定感をさらに低くしてしまう原因の1つになっている**と思っているのですが、いかがでしょう？

そんなわけで、自信のないチーム員に自信を持ってもらうために、**結果だけでなく、そこに至るまでの「小さなステップアップ」をちゃんと見てあげて、褒めてあげる**ようにしてほしいのです。

第1章で説明をした「存在の承認」「変化の承認」「結果の承認」という3つの承認で言えば、とくに「変化の承認」に注目してあげてほしい。

自分の成長に気づいてもらう

大切なのは、言葉をかけることで、本人に、自分自身の「成長」に気づいてもらうことです。

変化の承認を伝える言葉は、たとえば、次のような感じでしょうか。

「いや〜、先週までは、ここまでしかできなかったのに、今週はここまでできるようになったじゃない！」

「正直、まだ、売上にはつながってないけれど、お客様へのトークを聞いていたらすごく成長しているね。あんな説明、最初できた？　もうすぐ、結果につながると思うよ」

「入社する前、知らない相手に、100件200件の営業電話をかける自分なんて想像できた？　それが、今は普通に電話してるよね。これって奇跡だと思わない？」

認めて、褒めてあげる例としては、「メールの文面がうまくなった」「企画書がすごく相手に刺さる内容になった」「わかりやすい議事録をまとめられるようになった」など。その人のことを見ていて、「成長したな」と思えることなら何でもいいんです。

それなのに、「ダメなリーダー」は、普段から相手のことをちゃんと見ていないから、相手の成長に気がつくことができません。

そして、「惜しいリーダー」は、せっかく相手のスモールステップアップに気がついても、なぜか、「アイツも成長したな」って思うだけで本人に伝えない。

なんと、もったいない！

自信が持てず、伸び悩んでいるようなチーム員がいたら、スモールステップアップをどんどん本人に伝えてあげて、自分自身の成長に気づいてもらいましょう。

それが、そのチーム員の心に「自信」を育てます。

POINT

小さな成長を見逃さずに、承認し、褒めてあげる

叱るときのNGは？

相手に自信を持たせるとき、もっとも有効な手段と言えるのは「褒めること」。

その具体的な「褒め方のポイント」についてお話しする前に、ここで、真逆の「叱ること」について、少しだけ触れたいと思います。

実は、相手によっては、褒めるよりも「叱る」ほうが有効なこともあります。

たとえば、バリバリ仕事ができるタイプの人は、褒められても「そんなの当たり前だろ」なんて思っていますし、ヘタにチヤホヤしすぎると、天狗になって、調子に乗ってしまいます。ですから、そういう自信家タイプは、時折、叱って、気を引き締めてもらうのもいい。

あとは、気のゆるみが出ていたり、プロ意識に欠けていたりするチーム員を叱るのも、会社のためであり、また本人のためになります。

ただし、叱るときには次のようなNGに気をつけてください。

・叱るときのNG1　終わったことをネチネチ言う

過去を反省して未来に活かすのならいいんです。でも、今からはどうにもならない過去について、「あのとき、お前があしたから……」などと、昔のことを言い続けるのはNGです。「今、それ、言う必要ある？」という叱り方をしている上司、結構います。

・叱るときのNG2　人格否定をする

叱るなら、仕事という「行為」について叱ってください。「どうしてそう馬鹿なんだ」「お前はコミュニケーション障害か！」などと、人格否定は絶対にしてはいけません。

・叱るときのNG3　監視・束縛する

これは、ビアホール時代の私ですね。「こっちは監視カメラでちゃんと見てるんだぞ！」と、最低でした……。人は、相手から管理されればされるほど、離れていくものです。

POINT

叱るときは、「NGの叱り方」にならないようにする

褒めるときの6つのポイント

私は、相手を褒めるとき、次の**6つの「褒めポイント」**を意識しています。

- **褒めポイント1　見た目**
- **褒めポイント2　声のトーン**
- **褒めポイント3　言葉の語彙《ごい》（ボキャブラリー）**
- **褒めポイント4　人脈**
- **褒めポイント5　生き様**
- **褒めポイント6　信念**

たとえば、具体的には、次のような感じ。

「〇〇さんは、いつも笑顔なのがいいね。お客様の印象もいいと思うよ」

「声のトーンがすごく明るいから、相手に伝わったんじゃないかな」

「あそこでよく、あんな的確な表現が出たね。素晴らしいよ」

「顔が広いね。そんな業界にも知っている人がいるんだ」

「いつも、最後まできっちりやってくれて助かるよ」

「どんなときもへこたれない、その信条がさすがだね」


ちょっとした変化球で褒めるという手もあります。

たとえば、相手が書いた文字を見ただけでも、次のように褒めることができます。

「大きくて立派な字だね。ホント、なんか大物って感じ」

「細かくてきれいな字だね。最後まで丁寧な仕事をするという思いが伝わってくるね」

これ、お世辞にもきれいとは言えないような文字でも、**「おおらかな性格が文字にもあらわれていますね」**と言えますよね。

POINT
褒めるときは6つのポイントから攻める

褒めるのが苦手なリーダーは？

日本人には、なぜか「褒めるのが苦手な人」がいます。

聞いてみると、どうやら、褒めるのが苦手な人って、「見え透いたお世辞」を口にするのがイヤだと、そういう感覚らしいのです。つまり、思ってもいないのに褒めるのは、ウソを言っていることになると。

リーダーとして、チーム員に自信を持たせるうえで、もっとも効果的な「褒める」という行為が、そんな苦手意識から使えないというのは、残念ですよね。

ちなみに、私はよく人を褒める人間です。

第1章で、私が某大使館のパーティーに参加したとき、彼女のことを「僕の宝物を紹介します」と言ったら、周りの外国人たちから歓声が上がったというお話をしましたね。

どんなときも、ウソを言っているという感覚はこれっぽっちもありません。

なぜかというと、こんなふうに考えているからです。

「褒めているというより、見たままの感想を言っているだけ」

たとえば、女性に「きれいですね」と言ったときに、相手が「いえ、そんなことないです」と照れたら、「いや、僕は自分の感想を言っただけだから。僕の感想は否定しなくていいでしょ」と言います。

同じく、頑張っているのに自信が持てない営業パーソンが、私の「頑張っているね」という言葉を否定してきたら、こう言います。

「いや、正直、僕が見るかぎり、とても頑張っていると思う。それが正直な感想だから。僕の感想は否定しないでよ」

相手を褒めるのが苦手な人は、ぜひ、「感想を言っているんだ」と思ってみてください。

POINT

褒めるのが苦手なら、「感想を言っているだけ」と思う

レッテルで褒める

私はよく、相手の仕事ぶりとか、性格とか、得意分野について、ちょっと**ユーモアを交えたレッテルを貼って褒める**ということをやります。

ひと昔前、奥さんのことを人に紹介するとき、財布のヒモを握られているという意味で「ウチの大蔵大臣です」なんて紹介する男性がいましたよね。あのノリです。

たとえば……。

セミナー講師として活躍している女性チーム員に、「**〇〇さんは、セミナー業界のジャンヌ・ダルクだね**」なんて言ったことがありました。

とても物知りなチーム員だったら、「**ホント、〇〇さんは、教育業界のウィキペディアだわ**」とか。

こういうレッテルなら、言われたほうも、まんざらでもないですよね。

このレッテルの良いところは、少しネガティブなことも、肯定的に変換できること。

「〇〇さんは、いつも困り顔をしているけど、それが、なんか周りの人たちを癒《いや》すんだよね。『困り顔の天使』だね」

そう言ったら、〇〇さんの困り顔が、魅力的なものに早変わりです。

注意点は、あくまでも、褒め言葉になるレッテルを貼ることです。そうでないと、ただの悪口になってしまいます。

私は、このレッテル技をよく使いますが、それができるのは、普段からチーム員のことをよく見ているからです。

何度もお伝えしているように、相手を褒めるためには、普段から相手のことを見ていることが大前提。そうでないと、ぴったりのレッテルを貼ることなんてできません。

女性のチーム員がメイクやネイルを変えたことや、男性のチーム員が新品の靴やネクタイをしてきたことに気がつかないようでは、観察力不足。落第です。

POINT

しっかり観察して、ポジティブなレッテルで褒める

新しいチャレンジをしてもらいたいとき

自分に自信を持っていないチーム員に、勇気を持って、新しいことにチャレンジしてもらいたいようなとき、いったい、どんな言葉をかければよいでしょう？

自信がないということは、新しい変化に対して恐れがあるという状態です。なので、ここはやはり、「あなたなりのやり方でオーケー」「今の延長戦上でいいんだよ」ということを伝えて、安心してもらうことが大切。

「これは○○さんにとっては、新しい挑戦になるかもしれないけれど、とりあえず、今のままの○○さんのやり方に可能性を感じるし、このチャレンジをすることで何か起こりそうだなと感じるから、ぜひ、やってみてほしい」

また、リーダーがいつでも見守っていることも伝えてあげてください。

「何かあったら、逐一報告してくれればいいから」

「くれぐれも、1人で抱え込んで、悩んでパンクなんてしないでね。悩みがでてきたら、いつでも相談に乗るから」

新しいことにチャレンジするのは、誰でも不安があるもの。

自分にまだ自信がなければ、なおさらでしょう。

ですから、言葉で不安を取り除いてあげる。そして、「○○さんならできるって思うからお願いしているんだ」と言って、自信を持たせてあげる。

私は、もう十分にやれる力を持っているのに、そのことに気がついていないチーム員には、こんな言葉をかけていています。

「それって、今の○○さんの力で、すでにできることじゃない？　もうそれだけの力を持っていると思うよ」

POINT

安心してチャレンジできるようにしてあげる

あえて失敗を経験させてあげる

真の自信というものは、日々の取り組みのなかでしか育むことができません。

そもそも、「20代くらいで持っている自信」なんて、多くの場合、ただの「過信」です。早めに打ち砕いてあげるほうがよい、とさえ思っています。

リーダーの自分がやれば簡単にできることを、あえてチーム員に任せて、若いうちに失敗させてあげる。それも立派な愛だと思います。

20代のとき、ビアガーデンで、学生時代の自信が粉々になった私が言うのですから、間違いありません（笑）。今思えば、キム社長は、あえて、私に失敗の体験をさせてくれたのかもしれません。

過信しているチーム員に失敗を経験させてあげるのも、リーダーの役割の1つですね。

この「失敗体験」は、30代では少し遅い気がしています。まあ、手遅れということはありませんが、30代よりは、20代で経験するほうが得るものが大きい気がします。

苦労して、失敗して、悔し涙を流す。そして、何年か経ってから、そういう経験をさせてくれた上司の愛情に気がつく……。これって、やっぱり20代でしょう。

失敗って、何よりも自分を成長させてくれます。

私は、**仕事というものは、自分が何者なのかを知るための旅のようなもので、自分のなかに自信を築くためにトライアル&エラーを繰り返すのは当然**だと思っています。

ですから、「やっかいに思えること」は、自分を磨くために降ってくるんだと。

臆することはありません。世の中というものは本当によくできていて、そもそも乗り越えられない問題、解決できない課題は、そうそう自分には降ってきません。

今の私に「総理大臣にならないか?」という話は降ってきませんから(笑)。

仕事は自信をつけるための旅。

チーム員には、ぜひ、若いうちに、少し厳しい旅を経験させてあげましょう。

POINT

可愛いチーム員には、「失敗」という旅を経験させろ!

結果がでなくて自信をなくしているチーム員へ

なかなか結果がでなくて、自信をなくしてしまう。営業の世界ではよくあることです。とくに、まだ、結果をだした経験がない新人営業パーソンなどは、自信喪失どころか、「このまま永遠に売れないのでは」なんて、不安しかない状態に陥ってしまいがち。私は、そんな自信を失っているチーム員がいたら、こんな言葉をかけるようにしています。

「今は、下に根を張っているときだから大丈夫。まだ、花は咲かないけど、強い根を張っている時期なんだよ」

「人生にも、春夏秋冬がある。さしずめ今は、冬なのかも。冬にしっかりと土を休ませて、栄養を蓄えて、耕しておこう。そうすれば、春に種が蒔《ま》けるから」

「ことわざに『桃栗三年柿八年』ってあるよね。桃や栗は実が生《な》るのに3年、柿は8年か

かるってことだけど、柿が、桃や栗に対してコンプレックスを感じていると思う？　人それぞれに、実が生るまでの時間は違っていて、当たり前なんだよ」

「大事なことは人と比べないこと。自分の理想や、自分の理想の英雄と対比しよう」

「人生には波がある。波は『寄せては返す』を繰り返しているよね。あれ、ちゃんと、寄せるときに返す準備をしているし、返すときには寄せる準備をしている。言い換えれば、良いときは悪いときに備える時期であり、悪いときは良いときに備える時期だということ。人生は今日で終わるわけじゃないんだから、今は、未来の成功に備えよう」

「夜明け前が一番暗い。これがわからない人が、諦めちゃう。もう少し。ここが伝説の始まりだ！」

これらの言葉で、「今の状態が永遠に続くわけではない」ということを伝えます。

そして、**不安を拭《ぬぐ》い去り、今、やるべきことに集中できるように**してあげています。

POINT

「自信を失わず、継続しよう」と教えてあげる

「報・連・相」は必要か？

よく、オフィスにおいては、いわゆる「報・連・相」（報告・連絡・相談）が大切だと言われますよね。

情報を共有するためには、必須だと。

私も、チーム員がどういう状態にあるのかを把握するうえで、たしかに「報・連・相」は必要なことだとは思います。

否定はしませんが、私は、加えて、こう思っているんです。

チーム員にとって、「報・連・相」が痛みになるか、快楽になるかは、リーダー次第である！

つまり、リーダーにとって大切なのは、チーム員に「このリーダーに『報・連・相』をしたい」と思ってもらうことなのだと。

チーム員にそう思ってもらうためには、日頃から、リーダーである自分への「報・連・相」に、価値を見いだしてもらえるようなコミュニケーションができていることが前提になります。

たとえば、「日報」。

チーム員が「どうして、毎日毎日、苦労して日報を書いているんだろう?」と、そんなふうに思っていたら、ただの苦行になってしまいます。

そうならないように、**「日報を書いて、リーダーに現状を報告することで、自分の成長や未来につながる」**と思ってもらわなければなりません。

ですから、「チーム員の日報をろくに読んでいない」などというリーダーは論外です。

細かく全文を……、いや、それどころか、行間までも、しっかりと読む。

そして、読むだけでなく、必要ならリアクションもする。

私は、メンバーの日報は、必ず、すべて読み、必要に応じて口頭で感想を言ったり、回答をしています。

そのときは、「この前、あそこにも書いてあったけど……」なんて、過去の日報の文面に触れることもあります。

そうすることで、「あっ、読んでくれているんだ」と思ってもらえる。

読まれなかったり、ダメ出しばかりされたら、日報なんて書く気が失《う》せますが、褒められたり、明日につながるリアクションをもらえたりすれば、日報も、「報告」「連絡」もだんだん快楽になるはずです。

進んで「相談」したくなる空気を作る

「相談」も同じ。チーム員が相談してくるか、してこないかは、リーダー次第です。

相談されて、罵詈雑言《ばりぞうごん》を浴びせるだけのリーダーは論外として、「何でも相談してくれていい」と思っているのに、チーム員が相談に来てくれないリーダーは、どこがいけないのでしょう？

それは、**「相談は悪いことではない」という空気を作っていないのがいけない**のです。

チーム員がリーダーに相談をしない最大の理由は、チーム員のなかに、「相談＝悪だ」「相談＝ダメだ」「相談＝NGなんだ」という公式が、頭のなかや価値観のなかにあることなんです。

善良なチーム員たちは、「この程度の問題は自分で解決しなくては……」「ただでさえ忙しいリーダーに相談を持ちかけて、時間を奪ってしまうのは悪い」なんて考えている。

ですから、常日頃から、次のように伝えてあげてください。

「問題が小さなうちに相談してくれれば、数時間で解決できるようなことでも、機を逸《いっ》するると、どうにもならなくなってしまうことがある。だから、会社全体で対応しなくてはならないような大火事になる前の、小火《ぼや》の時点で相談してくれるほうが有り難いんだ」

「忙しいときは、『ごめん。今日は難しい』って言うかもしれないけど、ちゃんと、別途、時間をとるから、ボールだけは投げてね」

もちろん、「いつでも相談しろよ」と宣言しておきながら、いざ相談したら、「今、無理だわ」って言って、そのままにしてしまうようなリーダーはただのウソつき。二度と相談に来てもらえないのは、言うまでもありませんね。

POINT

「報・連・相」が活きるかどうかは、リーダー次第

リーダーの禁句

第3章は、「チーム員に自信を持たせる、リーダーの話し方」についてお話ししました。チーム員に自信を持たせるのも、自信を喪失させてつぶしてしまうのも、リーダーがどんな言葉をかけるかによって変わってくる（ことがある）。

リーダーの言葉の重みが伝わりましたか？

では、本章の最後に、反面教師として、チーム員の自信を奪い去り、リーダーである自分との信頼関係をぶち壊す、**「リーダーが口にしてはいけない禁句」**について触れたいと思います。

マネジメントセミナーの一環として、相談者のオフィスを拝見すると、リーダーの立場にある管理職の人たちが、部下に対して、絶対に言ってはいけない言葉を吐いている場面によく遭遇します。

皆、気がつかずに、もしかすると、何の悪気もなく、結構、「決して言ってはいけない禁句」を口にしているものなのです。

では、代表的な「リーダーの禁句」を、３パターン紹介しましょう。

◎リーダーの禁句１　「使えないヤツだな」

最初に浮かぶのはこれです。結構、何気なく言っている管理職が多い。冗談っぽく言っても、言われた部下は深く傷つき、これが「呪いの言葉」として機能してしまうことがあります。

「**トロいな**」とか、「**のろいな**」とか、「**何をやってもダメだな**」とか、表現はいろいろあると思いますが、要は、「**人格否定の言葉**」ですね。

「**どうして、こんなに時間がかかるんだよ**」なんていうのも、もちろん禁句。

人格否定と、未来を閉ざしてしまうような表現や言い回しは、基本的にアウトです。

こういうことを平気で言う人間は、チーム員を「自分よりも下の人間」、あるいは、モノ扱いしています。その思いが、言葉の端々《はしばし》にでてしまっているのです。

◎リーダーの禁句2　「なんで、やらないんだ」

チーム員のタイプ（4つのタイプ分けについては、第2章ですでにお話ししましたね）や、実力を考えずに、「その人にはできないこと」を強要していないか？

実は、チーム員にやりたくない理由があるのではないか？

やろうとしたけれど、何かの理由で、できなかったのではないか？

そういうことを無視して、「できなかった」という結果にしか目を向けずに、頭ごなしに「なんで、やらないんだ！」なんて言う上司、いますよね。

こういうリーダーが、まさに、「普段のチーム員」を見ていないリーダーです。

それに、**そもそも、チーム員を「自ら動きたくさせる」のがリーダーの仕事**ですよね。

◎リーダーの禁句3　「聞いてないぞ」

たとえば何か問題が発生したときに、「なんだそれ？　オレは聞いてないぞ！」と。

たしかに聞いていないのかもしれませんが、「聞いていない」「把握していない」というのは、リーダーが自分の役割を果たしていないから、そうなっているわけです。

ですから、「聞いていない」といっても、それは、すでにリーダーの責任。

この、**「聞いてないぞ」**は、**責任転嫁《てんか》の言葉**ですね。

同じく、**「オレは知らないぞ」「お前が言ったからやったんだろ」**もアウト。

そもそも、なんであろうと、**組織が行なったことであれば、仮に聞いていなかったとしても、この言葉を飲み込んで目の前の事態に対応していくこと。それが真のリーダーだと思います。**

いざというときに、歯を食いしばってでも責任を取る覚悟がないリーダーには、誰も「命がけでついていこう」なんて思いません。

リーダーが口にしてはいけない禁句、その代表パターンをご紹介しました。

まさか、あなたは口にしていませんよね。

つい、うっかり口がすべってしまったら、相手がチーム員であっても、「さっきは、つい口がすべって悪かった」と、心から詫びてください。

禁句を口にするリーダーは、リーダーにあらず!

column 3

Aさんの「涙の告白」が、教えてくれたこと

「はじめに」でお話ししたとおり、私は現在、「営業指導」に特化した研修事業とコンサルティング事業を法人向けに展開する会社を経営しています。

いわば、「人さまに教えること」を生業《なりわい》としているわけです。

そんな私にとって、「あっ、あれが、僕の教育家としての原点だったのかもしれない……」と、そんなふうに思っている、学生時代の体験があります。

それは、私が大学生だった頃のこと。

当時、親しくお付き合いをさせてもらっていた女性との話です。

名前は、そうですね、仮にAさんとしましょう。

当時の私は、夜勤のアルバイトをしていて、真夜中の休憩中に彼女の家に電話をかけて

数分間話をするのがささやかな喜びでした。

そんな、ある晩のこと。

いつものように、夜中の1時頃に電話をしたら、電話がつながらない。ずっと話し中なんです。

「あれっ、変だな？」と思って、次の日、「昨日の晩、電話がつながらなかったけど？」と聞いたら、「何でもない」とそっけない返事。

そうしたら、また、何日かあとに同じことが……。

それで、また次の日に「昨日も夜、電話がずっと話し中だったけど？」って理由を尋ねたら、Aさん、突然、号泣し始めたんです。

そして、泣きながら、カミングアウトしてくれました。

実は、自分は高校生のときに、ひどい拒食症だったと。今は、だいぶ良くなったけれど、まだ、たまに症状がでることがあって、そういうときは、すべてを遮断してずっと吐いているんだと……。

そういう内容の告白でした。

当時の写真も見せてもらいました。

Aさん。身長は165センチくらいなんですが、当時の体重が30キロ台。信じられないぐらい、やせていました。

そのとき、です。

その「涙の告白」を聞いた私は、あっけらかんとこう言ったんです。

「へえ～……………」

「でっ？」

彼女、私の態度を見て驚きましたね。

「えっ？　深刻にならないの？」って。

今も昔も、誰がどんな病気だとか、そういうことをまったく気にしない性格の私は、彼女にこう言いました。

「だって、そんなの人それぞれじゃん。いろいろ、症状がでる人もいれば、でない人もい

る。怒りっぽい人もいれば、泣き虫な人もいる。汗をたくさんかく人もいればあまりかかない人もいるし。たまたま、そういう症状がでるだけでしょ。いいじゃん、吐きたかったら吐けば。今度、吐くときに、オレ、横にいてやるよ」

私がそんなことを言ったあと、Aさんに何が起こったと思います？

拒食症の症状が、すっかり治ってしまったんです！

これが、私にとって教育家としての原点になった体験です。

Aさんはなぜ治ったのか？

あくまで私の想像ですが、こういうことではないかと思うのです。

Aさんは、ずっと周りから「拒食症、たいへんだね」という目で見られて注目されるうち、その注目に応えるように、拒食症の症状が残ってしまっていた。

へんな言い方ですが、周りからの心配に無意識のうちに応えてしまっていた。

なのに、私があまりにも無関心で、拍子抜けしてしまった。

そうしたら、急に治ってしまった……。

安易に負のレッテルを貼ることの怖さ。負の過大評価が相手に及ぼす影響の大きさ。

この体験は、そんな「教育に携わる者が注意しなくてはならないこと」を、私に教えてくれたのです。

第4章

チームをまとめ、成長させる、リーダーの話し方

チームをまとめる、その前に……

第4章は、「チームをまとめ、成長させる、リーダーの話し方」についてです。

さて、ここでいきなりクイズ。

次の文章の○○の部分に入る言葉は何でしょう？

「会社において、まとまりのないチームは、○○を見ればわかる」

わかりますか？　これ、今までに私が数多くの会社を見させていただいてきて、かなりの自信を持って言える事実です。

答えは、こちら……。

「会社において、まとまりのないチームは、朝礼を見ればわかる」

ああ、このチームはまとまっていないな、同じ目標に向かってチーム員の心が1つになっていないな、というサインは、朝礼にあらわれます。

そういうチームって、朝礼でリーダーがしゃべっているときに、チーム員があさっての方向を見ていたりするんです。

リーダーのほうを見ていたとしても、リーダーの目は見ていません。

顔はリーダーのほうを向いていても、目が死んでいる。

つまり、まったく話を聞いていないんです。

頭のなかでは、ぜんぜん違うことを考えている。

あるいは、「いつまでもしゃべってないで、早く終われよ」とか、「何、1人で熱くなってるんだよ」なんて思っている。

「ウチのチームは、今、思いが1つになっているだろうか？」と、疑問に思っているリーダーは、朝礼を開いて、しゃべってみてください。

恐ろしいほど明確に、チーム員がまとまっているかどうかがわかります。

チームがまとまらない、最大の原因

では、チームがまとまらない原因は何なのでしょう？

もっとも多い**原因は、「リーダーが嫌われている」**ことです。

リーダーにとっては耳の痛い話ですが、この単純な理由が、もっとも多い。

要は、「お前の言うことなんて、誰が聞くか」と。拒否反応の世界ですね。

リーダーが話しているときに、そっぽを向いている人は、「話を聞いていない」という態度を示すことによって快楽を得ているという部分もあるんです。

まあ、それだけ、人間にとって、「好き嫌い」という感情は大きいということですね。

嫌いな相手から「ちゃんづけ」で呼ばれたら、カチンとくるし、尊敬している相手や大好きな相手からなら、「ちゃんづけ」で呼ばれるとちょっと嬉しい。そういうものです。

では、なぜ、それほどまでにリーダーが嫌われることが多いのか？

理由は、いろいろです。

第3章の最後でお話しした、「リーダーの禁句」を連発していたり、チーム員の身体的な特徴を馬鹿にするようなアダ名をつけて、それで呼んでいたり。

部下の手柄を横取りするリーダー。平気で、パワハラ、セクハラをするリーダー。

いちいち、何を言うにしても、頭に「なんで？」をつけるリーダーも嫌われます。

そしてこれが一番重要ですが、このリーダーと一緒に働くことで、自分の人生に価値が生まれないと思われていることです。

残された命の時間が刻一刻と失われていくのが、人生の紛れもない事実です。その意味で、価値の生まれない時間や経験しか共有できないリーダーを、人は好きになるでしょうか。嫌われて当然ということをやっていて、その結果、当然のように嫌われているのに、本人だけは、嫌われていることに気がつかないのですからタチが悪い。

嫌われているリーダーに、チーム員をまとめることはできません。

目指す目標に向かって、チームを1つにまとめたければ、まずは、あなたがチーム員に嫌われないリーダーになる必要があります。

えっ？「自分が嫌われているかどうかわからない」ですって？

いい方法を教えましょう！　朝礼で、「みんな、俺のこと嫌い？」って言ってみてください。チーム員が沈黙して、お互いに目を合わせたら、間違いなく嫌われています。

逆に、もし、「どうしてわかったんですか！」って声がかかって、爆笑が起こったら、あなたは、好かれているリーダーかもしれません。

POINT

チームをまとめる前に、己の襟《えり》を正す

旗印を掲げる！

別段、リーダーが嫌われているわけではないのに、どうも、チームにまとまりがない。

一枚岩になっていない。

そんな場合は、もしかしたら、**チーム員に「組織がどこに向かっているのかが見えていない」**可能性があります。

第1章で、「リーダーは未来（ビジョン）を語れ」「リーダーは大義を語れ」とお伝えしましたよね。**チームが1つにまとまるためには、「我々は、ここに向かっていくんだよ」という、旗印が必要**なんです。

私たちの組織は、こういうことをやって、こういう人たちに喜んでもらう。こういう人たちに「ありがとう」と言ってもらう組織なんだということを、明確に旗印として掲げ、それを浸透させるのです。

会社の組織には、正社員もいれば派遣社員もアルバイトもいる。立場も、育った環境も違う人たちが集まってできています。それこそ、考え方も違うし、仕事に対する熱量も違う。

ですから、私は、期待しすぎてはいけないと思っています。

でも、そのうえで、理想に向かって１つになるために、旗印が必要なんです。

ちなみに、私が代表をやらせていただいている会社、ライフデザインパートナーズ株式会社では、「企業理念」のなかで、こんなことを謳《うた》っています。

〈セールス（営業職）の社会的地位を向上させる〉

〈営業職が尊敬され、子どもが憧れるような職業になっていくために、弊社は『本物の営業』を圧倒的な熱量で伝えていきます！〉

これらの言葉が、旗印です。

ソフトボールチームを１つにした「旗印」

ある旗印を掲げたことで、チームが１つになり、偉業を成し遂げた例を１つ紹介しましょう。

それは、北京オリンピックで女子ソフトボールの日本代表チームがアメリカ代表チームをやぶって、金メダルに輝いたときの話です。

そもそも、ソフトボールがオリンピックの正式種目になったのは、1996年のアトランタ大会から。その後、シドニー、アテネと、アメリカが圧倒的な強さで金メダルを独占していました。

その結果、「アメリカだけが強すぎる。オリンピック競技としてふさわしくないのでは？」という議論がでて、次の北京大会を最後にオリンピック競技から除外することが検討され始めてしまうんですね。

この動きを知った日本チームは、こう考えたんです。

「アメリカチームに勝てる可能性があるのは、世界で唯一、我々、日本チームだけだ。もし、このままソフトボールがオリンピック競技から消えてしまったら、今、ソフトボールを真剣にやっている子どもたちの夢の舞台を奪ってしまうことになる。オリンピック委員会に『ソフトボールは、決して、アメリカ独占の競技ではない』と訴えて、オリンピック競技に残してもらうためには、自分たちがこの北京オリンピックでアメリカに勝つしかない！」

そして、

「日本はもちろん世界中でソフトボールをやっている選手や子どもたちの夢を奪わないために、アメリカに勝って金メダルを獲得する！」

これが、日本チームにとって、強烈な旗印になりました。

結果は、ご存じのとおり、有名な「上野由岐子の413球」の力投もあって、日本チームは金メダルを獲得しました。結局、次のロンドン大会からソフトボールは競技からなくなりましたが、この大番狂わせが、のちのオリンピック競技への復活の伏線になったのだと思います。

ソフトボールチームが掲げた旗印は、まさに「大義」そのものでした。

このように、旗印は、ときに大きな力を発揮するのです。

旗印を掲げ、全員のパフォーマンスを最大化して、大きな効果がでるように仕向ける！

それがリーダーの役割です。

POINT

チームをまとめるには、旗印が必要！

権力のないリーダーがチームをまとめるには？

会社におけるリーダーには、いわゆる「人事権」を持っている強力なリーダーと、そういう権限を持っていないリーダーがいます。

いやらしい話、人事権を持っている強力なリーダーに気に入られた人は、出世コースに乗る可能性が高くなるというメリットがあります。島耕作がでてくる漫画や、半沢直樹がでてくるドラマなどに、「誰の下につくか？」という「派閥抗争」の場面がありますよね。

いっぽう、人事権を持っていない中間管理職や新人のリーダー、あるいはプレイングマネジャーなどは、「私についてくれば、出世コースに乗れるよ！」というメリットがありません。

では、そういう「権力のないリーダー」は、何をもって、チーム員に対して求心力を持てばよいのか？

ひと言でいえば、**「この人と働くと、（人事以外で）こんなメリットがある」**と周りに感じさせることです。

私は、組織における人間関係って、ある意味、結婚と似ているような気がしています。

結婚って、「あっ、この人といると、幸せになれそう」とか、「この人なら、経済的にも安心できそう」なんて、お互いがメリットを感じて、一緒になります。

そして、愛が冷めてしまったり、経済的に破綻《はたん》したりすると、それが離婚の原因になる。

ドライに見れば、メリットがお互いをつなぎとめています。

ビジネスの関係もこれと同じで、「この人と一緒にいれば、自分にメリットがある」と、周りに感じさせることができるリーダーには求心力がある。

そういうリーダーのもとなら、誰でもやる気になりますから、自然と、リーダーを中心に組織もまとまるわけです。

逆に、不幸にして、一緒に仕事をしていてもまったくメリットが感じられないリーダーのもとで働く羽目になると、チーム員たちはやる気をなくして、朝礼で、リーダーがしゃべっているのを無視するようになるのです。

では、「人事権を持っている」という、わかりやすいメリット以外に、チーム員たちが感じてくれるメリットには、どんなものがあるのでしょうか？

この人といると、成長できる！

私は、営業会社時代、まさに、人事権を持たないリーダーでした。

ですから、チーム員に、「浅川リーダーと働くと、（人事以外の）メリットがある」と思ってもらうことをすごく意識していました。

例を挙げれば、次のようなメリットです。

「浅川と働くと、再現性のある営業を教えてくれる」
「浅川と働くと、営業として成長できる」
「浅川と働くと、楽しく仕事ができる」
「浅川と働くと、会社の上層部から守ってもらえる」
「浅川と働くと、売上が上がって稼げるようになる」

もちろん、チーム員は1人ひとりニーズが違います。

営業として成長したいチーム員もいれば、安定した収入が欲しいチーム員もいる。なかには、仲間と楽しく仕事ができればそれでいい、というチーム員もいるでしょう。

権限を持っていない、かつての私のようなリーダーは、そういうチーム員のニーズに対して、それぞれが求めるメリットを与えられるように向き合っていく。

そうすることで、チーム員たちから、「この人と働くと、メリットがある」と感じてもらえるようになり、チーム全体が、あなたを中心にしてまとまるようになる。

最後に1つだけ。

チーム員たちのニーズが、「成長なんて面倒、現状維持でいい。リーダーは、いろいろうるさく言わないでほしい」というものだった場合。

そのニーズに応えて、何も言わない……、そんなリーダーにはならないでください。

「はじめに」でも触れましたが、チームは、リーダーである「あなた色」に染まります。

ぜひ、あなたを中心に、「成長を続ける組織」へと、チームを色づけてください。

POINT

チームは、メリットを感じさせてくれるリーダーを中心に結束する

「言いにくいこと」を伝えるときは？

リーダーとして、チーム員たちをまとめていくうえでは、ときに、「言いにくいこと」を伝えなければならない場合があります。

そんなとき、チーム員のモチベーションを下げることなく伝えるには、どうしたらよいでしょうか？

たとえば、コストカット。

言いにくいですよね。給料が下がると聞いて、喜ぶ人はいませんから。

しかし、2020年は、突然のコロナ禍によって、多くの企業が業績を落とし、たくさんのリーダーが「コストカット」「ボーナスゼロ」という、「言いにくい言葉」を言わなければならない年でした。

このような、業績不振による**コストカットなどについてチーム員に伝えるときは、とにかく、ウソをつかないことが大切**です。

「非常に残念なことだけど、現状の業績では、今までと同じ金額を支給することはできない」と、包み隠さずに事実を伝えてください。

下手に取り繕《つくろ》って、「来月は必ず、前年並みの支給をするつもりだ」なんて言って、そのとおりにならないと、ウソを言ったことになり、信頼関係に亀裂が入ります。

誠意を持って、正直に。

これに尽きます。

そして、痛みを分かち合ったあとは、「絶対に、この危機を乗り越えよう！」と、さらに、チーム員の心を1つにまとめてください。

異動の告知は、理由とセットで

会社において、チーム員に言いにくいことの代表に、異動や転勤の告知があります。

チーム員が、現状の仕事にやりがいを持っていたりすると、とくに伝えづらいことと思います。

チーム員に、**異動や転勤を告知するときは、必ず、「理由」をセットにして伝える。**それが大切です。

たとえば、ずっとスタッフでやってきたチーム員を、現場に異動させたいときなら、こんな具合です。

「〇〇さんには、これからは、ウチの会社のフォワードとして点を取ってほしい。正直、ディフェンスに回るような仕事はできるだけしてほしくない。これがウチの会社の意図だし、〇〇さんの持っている力を活かせると思っている。ということで、今後は、間接的な仕事は、別のメンバーに振るから、〇〇さんは、攻めに集中してほしい」

異動の結果だけを告知するのではなく、会社の意図と、その異動が、自分の将来のためにもなるのだということを伝えてあげてください。

これをちゃんと伝えないと、意に染まない異動の告知をされたチーム員が、「この人事異動はイジメだ」なんて、思ってしまうこともあります。

とくに、転勤は、日本においては左遷というイメージが根深いので、理由の説明は必須です。

「〇〇支店では今、〇〇について展開しようとしていて、そのためには〇〇さんの力が必要なんだ。ぜひ、〇〇支店で大暴れしてほしい」

そんなふうに言われたら、告知されたチーム員のテンションも上がるのではないでしょうか。

言いにくい告知は、モチベーションが落ちないように伝える

ピンチについて伝えるときは？

「言いにくいことの伝え方」に続き、「ピンチの伝え方」についてです。


想像してみてください。

あなたが、営業チームのリーダーとして、5人のメンバーを率いているとします。

ある日、そのなかの1人が突然、長期入院することになってしまいました。

今まで6人でやっていたチーム売上のノルマを、5人で達成しなければならなくなってしまった。

有り得ない話ではありませんよね。

あるいは、会社の都合で、突然、期の売上目標金額がアップしてしまった。

さあ、そんなときあなたは、この理不尽な事実を、どう、チーム員に伝えますか？

私は、そんな「大ピンチ到来！」という場面では、必ず、ジョン・F・ケネディの言葉を思い出します。

そう、第2章のコラムで紹介した、**「中間管理職と真のリーダーの微妙な半歩の違いは、プレッシャーのもとで優雅さを保てるかどうかであろう」**です。

リーダーたるもの、ピンチのときこそ、オロオロせずに優雅でいたい。

リーダーは、常にチーム員から見られています。

それを忘れず、ピンチのときこそ、優雅に、優雅に……。

もし、突然、6人分のノルマを5人でクリアしなければならなくなったら、私はたぶん、メンバーにこう言います。

「チャンスが来たぞ！」

「この緊急事態は、会社に、自分たちの実力を見せつけるチャンスだ！」と、そんなふうに伝えます。

これをもし、いかにも申し訳なさそうに、「あのさ、ちょっと申し訳ないんだけど、○○さんが急に入院してしまって、彼の分のノルマも我々だけでクリアしなきゃならなくなってしまったんだよね……」と伝えたとしたら。

それを聞いたチーム員のテンションは、ダダ下がりでしょう。

「ええっ、会社の上層部に、ノルマを減らすように掛け合ってくださいよ」なんて、言われるかもしれません。

でも、リーダーから、嬉々として「チャンスが来たぞ！」って言われたら、「そうかも……、うん、そうだな！」って思うしかありません。

ピンチのときこそ、チームのテンションを最大にする

スタジオジブリは、あの東日本大震災の直後も、映画の制作を続けたそうです。

さすがに、仕事は一時中断かな……という空気が漂うなか、宮崎駿《はやお》監督が、「こんなときだからこそ、仕事を中断してはいけない。こんなときでも仕事を続けることが伝説になるんだ！」とチームをまとめ、皆がやる気になったといいます。

その判断が、良かったのか悪かったのかという話ではありません。

リーダーは、かくのごとく、ピンチのときこそ、言葉によってチームのテンションを上げる。

「これを成し遂げたら、オレたち、本当にスゴイぞ！」

「こんな無理を会社が要求してくるということは、ウチのチームならやってくれるって、期待されているってことだよ」

「期待される人生と、誰からも期待されない人生、どっちを進みたい？」

「もう、やるしかない！　やるぞ！　見事に達成して、目にものを見せてやろう！」

ピンチのときに、どんな言葉でチーム員のテンションを上げて、1つにまとめるか。

リーダーの腕の見せどころです！

POINT

「ピンチ」は、「チャンス」に変換して伝える！

チーム員を成長させるキーワード

私は、こう思っています。

成長することは、人にとって、最高のエンターテインメントである！

私がそのことに気がついたのは、予備校時代でした。

勉強すればするほど、なんだか毎日毎日、自分の偏差値が伸びているような気がして、「明日は、どれくらい伸びるだろう」って、朝が来るのが楽しみだったんです。

スポーツでもそうですよね。毎日練習していると、あるとき、コツをつかんでグンと伸びる時期がある。そういうときって、練習が楽しくて仕方がないと思います。

よく、「能力開発」という言葉を聞きますが、この「能力開発」って何なのでしょう？

私は、**「能力開発とは、昨日の自分を超えること。それこそが何にも代えられない最高のエンターテインメント」**と考えています。映画やお芝居、スポーツを観て、感動するのももちろん素晴らしいことですが（事実、私はそれらすべてが大好きです）、冷静に考えてみると、これらはすべて他人の人生の喜怒哀楽に自らを投影しているということ。

自分の人生にこそ、興奮し感動したい。私はその壮大な価値を、ご縁があって命の時間を共有する大切な仲間に伝えたいと、常日頃から思っています。

ですから、私は、チーム員に対して、しょっちゅう、**「昨日の自分を超えよう！」**って言っているんです。たとえば、営業という仕事において、「昨日の自分を超える」とは何か？　わかりやすい例は、「ボキャブラリーの数を増やすこと」でしょう。

私は、「ボキャブラリーの数と思考・感情の質量は比例する」と思っているので、「何をすれば、営業として成長できますか？」と聞かれたら、迷うことなく、「ボキャブラリーを増やしてください」と答えています。

これは、1つの例ですが、**仕事ごとに、「昨日の自分を超える」方法がある**はず。

「昨日の自分を超えよう！」。この言葉、ぜひ、チーム員に伝えてあげてください。

POINT

「昨日の自分を超えよう！」は、成長を促すキーワード

チーム員を成長させる目標の決め方

チーム員を成長させたいとき、どんな観点で「目標」を設定すればよいのでしょう？

会社においては、自由に「自分の目標」を考えさせると、守りに入って、「達成しやすい目標」を設定する人がいます。

それはそうです。120という目標を立てて、結果が115だったら、悔しいし、上司からは「目標未達」だと責められます。

それが、はじめに110の目標を立てていれば、同じ115の結果でも、目標達成で、上司からは褒められる。

えらい違いですよね。「達成できそうな目標」を立てるチーム員の気持ちも、わからないことはありません。

わからないことはありませんが、そんなことをやっていたら、その人は成長できませんよね。

人が、**ストレスや不安を感じることなく、落ち着いた精神状態でいられる場所のことを「コンフォートゾーン」**と言います。

「達成できそうな目標」を掲げて、不安なく仕事をするというのは、このコンフォートゾーン、つまり、安全地帯に逃げ込んでいる状態。

そんなところにいたら成長はできませんから、ここはぜひ、「少し難しいかな？」と思えるくらいの目標を立てて、安全地帯からでてもらいたい。

このコンフォートゾーンをでた、**不安やストレスを感じる場所は「ストレッチゾーン」**と言います。

リーダーは、ついコンフォートゾーンにとどまりがちなチーム員を、このストレッチゾーンに引きずりだす……ではなく、導くのが仕事。

そのために、**リーダーは、チーム員が「頑張らないと達成できない」というレベルの目標を設定しなくてはならない**のです。

第2章の「面談の準備編」のなかで、私が営業会社時代に、チーム員との初面談の際、「過去最高の数字を持ってきてください」とお願いをして、「この数字があなたの普通の数字だと思って向き合いたいと思っています」と伝えていたというお話をしましたね。

あれはまさに、チーム員をストレッチゾーンに導くためにやっていたのです。

ほどよいストレッチゾーンは、達成確率50パーセント

チーム員を成長させるために、「できるかできないか」というギリギリの線の目標を設定するのがよいということはわかりました。

では、その加減はどの程度がよいのでしょう?


これまで、最高で100しか売ったことがないチーム員に、突然、「今年は1000売ってください」という目標を与えてしまったら、「ストレッチゾーン」を超えて、その先にある「パニックゾーン」に入ってしまいます。

そうなっては、成長どころか、つぶれてしまいかねません。

思うに、チーム員がほどよい不安とストレスを感じる目標の加減というのは、直感や感

覚で構いませんが、**「できるかできないかが、だいたい半々、達成確率50パーセントくらい」**が丁度よいのではないでしょうか。２回トライして、１回は達成できるくらいの難しさですね。

それくらいの難しさなら、今年はだめでも、翌年とか、２年後くらいには達成できるでしょう。

最終的な目標が１０００だとして、現状が１００しか結果をだせない人なら、まず、２００を目標にして、それをクリアしたら、次の目標は５００にして……と、常にストレッチゾーンに身を置かせるようにしながら、徐々に数字を上げていく。

そうやって、頂上である１０００に目を向けながら、段階を踏んで、成長していってもらうのがよいと思います。

POINT

コンフォートゾーンで達成できるような目標設定は、罪《つみ》！

高すぎる目標を出してきたチーム員への対応

個別の面談で、個人の目標を決めるとき、もし、チーム員が自分の実力をはるかに超えるような高い数字を希望してきたら、どう対応すればよいでしょう？

第2章でお話しした4タイプ（76ページ参照）のうち、Aタイプのチーム員などは、思いきり高い目標を自らだしてくることがあります。

私の場合、面談で、そういう高い目標を希望するチーム員に対しては、その数字の根拠を聞くようにしています。

「目標の希望はわかった。じゃあ、この数字の根拠を教えて？」

そう聞いて、回答がなければ、その場で具体的に考えます。

「この数字を達成するためには、月に○件は新規契約を取らなければならないよね。そのためには、今までの成約率で考えてみると○件くらいはプレゼンが必要でしょ。それだけ

のプレゼンを獲得するためには、〇件くらいはアポが必要で、そのアポを得るためには、1日に〇件くらいの電話コールが必要だと思うけど、できる？」

こうやって分析していって、目標数値を達成するために必要な1日の電話コール数が50件なら、まあ現実的です。でも、1日5000件が必要となると、ちょっと非現実的ですよね。

このように、いつでも、根拠を尋ねるようにしていると、チーム員のほうも、ちゃんと自ら根拠を考えるようになります。

大枠、仕事とは「計画」と「実行」で成り立ちます。そして多くの場合、「実行」だけを上司から課せられて、計画立案までを学ぶ機会、挑戦する機会が与えられないという悲劇を散見します。

自分で根拠を考えられるようになること（＝**計画立案**）**が、チーム員にとって大きな成長**になると思っています。

POINT

自分で「目標の根拠」を考えられるチーム員を育てる！

「高すぎる目標」が、「物語」を生む！

リーダーの側から、各チーム員の今の力を考慮して、1人ひとりのノルマを決めてしまうのは簡単です。でも、そんな「押しつけのノルマ」では、チーム員は成長しないし、面白くもないでしょう。

もちろん、ある程度の数字の割り振りは考えるにしても、面談では、まず、「**今期は、どれくらいの数字をやりたいの？**」と、**チーム員の「やりたい数字」を聞いてほしい。**

そして、チーム員が出してきた数字が、コンフォートゾーンに逃げ込んだ数字でないなら、たとえそれがパニックゾーンに近いような高い数字であっても、最大限、その意思を尊重してあげてほしいのです。

なんだか、1つ前の項で述べた、「根拠は？」と聞くという話と矛盾《むじゅん》するように聞こえるかもしれません。でも、私はこう思うんです。

高い目標にチャレンジするとき、そこに「物語」が生まれる！

１００しか売っていないチーム員が、「今期は３００売りたい！」という数字をだしてきたとき。

「なんでこの数字をやりたいの？」

「３００売れば、○○が実現できるので、ぜひ、やりたいんです」

「この数字をやるためには、これとこれとこれをクリアしないと難しいけど、できる？」

「はい、やります！」

これが、物語の始まりになります。

リーダーが、開口一番、「今期、○○さんには、１５０売ってもらいたいんだ」って言ってしまっては、物語が生まれる余地がありません。

「できるわけないだろ」は禁句

たとえば、出版社の新人編集者が、「１００万部売りたいんです！」と言ったとき、編集長が、「お前に100万部売れるわけないだろ、まず、5万部を狙え」と言ってしまったら、終わりです。

リーダーは、チーム員や組織が「コンフォートゾーンから抜け出すお手伝い」をする存在でなくてはいけない。

たしかに、「100万部売りたい」と言っている新人編集者は、ストレッチゾーンを超えてパニックゾーンに入りかねない目標を設定しようとしています。

でも、私は、それを歓迎してあげたい。

私なら、歓迎しつつ、まず、動機を聞きます。

「素晴らしいなぁ。今のご時世、100万部なんて言うヤツ、なかなかいないよ。どうしてやりたいの?」

「いや、僕は歴史を作りたいんです」

「おおー、すごいな。どうして歴史を作りたいの?」

「僕は、『あの出版社に、あの人あり』って言われるような編集者になりたい。そして、30歳までには、ヘッドハンティングを受けたいんです」

「いいじゃないか！　じゃあ、オレはヘッドハンティングされるような編集者を生んだ編集長になれるというわけだな。わかった。じゃあ、100万部売るための根拠は？」

「まず、この著者とこの著者を口説《くど》けば2人で15万部いけます。あと、まだメジャーになっていないこの人のダイエット術を本にして、SNSでバズらせて……」

と、こんなふうに会話して、「動機」と「根拠」を前向きに受け入れてあげる。

それで、「結果が10万部」だったとしても、私は、それでもいいと思うのです。

なぜなら、上司から、「まず、5万部を狙え」って言われた人は、5万部までしか行かないような気がするんです。リーダーの言葉って、呪いの言葉になりかねない。

松下幸之助氏の言葉に**「執念ある者は可能性から発想する。執念なき者は困難から発想する」**というものがあります。

チーム員には、たとえ、少し無理をしても、「可能性」を追いかけてもらいたい。

良きリーダーは、口が裂けても、チーム員に「できるわけないだろ」とは言いません。

POINT

チーム員が、可能性を追いかけて成長する手伝いをする

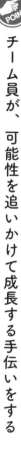

行き詰まっているチーム員への対応

前の項で、少し無理かな……というような高い目標にチャレンジして、結果、目標に達しなくても、それがチーム員の成長につながるならよいのでは、とお話ししました。

とはいえ、期の後半で、「これはもう、どう考えても目標にはいかないな」とわかってくると、そのチーム員のモチベーションが下がってしまうかもしれません。

これは、チーム員に限らず、チーム全体についても言えることです。目標未達が見えてしまったとき、リーダーはチーム員へ、どんなことを話せばよいのでしょう。

私は、そんなときは、「長い時間」の話をします。

プロローグで、「本物のリーダーは、時間と空間のベクトルが大きい」というお話をしましたよね。絶望的なときこそ、優雅に、ベクトルの大きさの違いを発揮して話してください。

「今月で会社が終わるわけじゃないよ」

「チャレンジはずっと続くんだよ」
「今のチャレンジは、２年後、３年後、あるいは５年後になるかもしれないけれど、必ず生きてくる。今は、霧のなかかもしれないけれど、前進を続けていれば、霧が晴れたとき、とんでもない場所に立っていて驚くよ」
「向かい風のときの一歩は、追い風のときの一歩よりも小さいかもしれない。でも、確実に心に筋肉がつく、ストレッチみたいな一歩なんだ。苦しい今こそ、１センチでも２センチでも進もう！」

いかがですか？　どんなにアウトになりそうなボテボテの内野ゴロであったとしても、諦めずに１塁まで全力疾走する選手には、次の打席に期待を持てそうな気がしませんか。

リーダーは、常に「次」を見られる人でなくてはいけないと思っています。

高い目標にチャレンジしていたチーム員が行き詰まって落ち込んでいたら、「未来につなげようぜ」と伝えて鼓舞してあげてください。

POINT
「チャレンジは続く」ということを伝えてあげる

頑張っているチーム員への禁句？

ここで、リーダーがチーム員を成長させようと思って、つい、かけてしまいがちな禁句（？）についてお話しします。

それは、**「頑張れ」**という言葉。

この言葉、相手によっては効果を発揮する場合もあるので、禁句とまでは言えないかもしれません。

でも、私はこの「頑張れ」という言葉、あまり使わないようにしています。

というのも、**チーム員の状態によっては、とても危険な言葉**になってしまうからです。

もし、使うときは、くれぐれも注意してください。

たとえば、すごく頑張っているのに、なかなか成果がでないチーム員。

こういうチーム員に、安易に「頑張れ！」なんて声をかけると、こんなふうに思うかもしれません。

「言われなくても頑張ってるよ！　これ以上、どうしろって言うんだよ！」

このように、反感を抱く元気があればまだよくて、もしかしたら、張りつめた糸が切れてしまうかもしれない。ピンと張った糸は切れやすいので要注意です。

休ませるかどうかの判断方法

頑張りすぎていて、もう限界が近づいている……。

そういう状態のチーム員には、「頑張れ」ではなく、むしろ「たまには休め」と声をかけるべきでしょう。

どちらの言葉をかけるべきか？

そのチーム員の状態を見極める必要があります。

頑張りすぎているチーム員の状態は大きく2つに分けられます。

1つ目は、「頑張りすぎているのはわかっているけど、自分としては、まだまだやりたい人」。

かつての私がそうでした。自分では、まだまだやりたいのに、「上司に止《と》めてほしくないな」って思うことが何度もあったんです。

「申し訳ないけど、自分はまだいけるんで！」と、そんな思いを持っていたので、今でも、チーム員がこの状態のときは、「休め」と言うほうがよいのか、言わないほうがよいのか迷うことがあります。

2つ目は、口では「大丈夫です」と言っていても、心の奥底では、「誰か止めてくれ」とヘルプ状態になっている人。

チーム員がこういう状態だったら、無理やりにでも休ませてあげないと、取り返しのつかないことになりかねません。

チーム員が、この2つのうち、どちらの状態にあるのかを見極めるのもまた、リーダーの重要な役目です。「チーム員の表情」「仕事ぶり」「言葉の端々」などに注意を払って、ヘルプサインがでていないか見極めてください。

えっ？　「ヘルプサインがでているかどうかわからない」ですって？

わかりました。では、私もたまに使っている、いい方法を教えます。
それは……。
本人にこんなふうに聞いてしまうことです。

「ありがとう。○○さんが目標に向かって、諦めずに、こんなに頑張っているのは素晴らしいと思う。でも、どう？　ざっくばらんに言うと、このへんで1日くらい何も考えない時間を作ってみてもいいんじゃない？　そのほうが、生産性が上がることもあると思うんだけど、どう思う？」

目標に向かって懸命に頑張るという経験は、たしかにチーム員の成長につながります。
しかし、頑張りすぎている相手に「頑張れ」という言葉は追い打ちになることもあると覚えておいてください。

POINT

必要なときに休ませるのも、リーダーの仕事

チーム員へお勧めのリフレッシュ法

頑張りすぎていて、「少し仕事から離れる時間を取ったほうがいいな」と思えるチーム員に、私は、「休みの過ごし方」として、よくこんなことを言います。

「ビジネス書から離れな。それよりも、仕事と関係のない映画を観るとか、小説を読むとか、美術館に行ってみるとか……。そんなふうに過ごしたほうがいいよ」

私はもともと、「相手が何を考えているかわかるようになりたければ、映画やドラマを観なさい」と言っている人間ですが、この、**仕事を忘れてリフレッシュするときの「心のストレッチ」としても、映画は最適**だと思っています。

凝《こ》り固まった心をほぐすのに良いのは、思いっきり笑える映画か、思いっきり泣ける映

画です。

せっかくですから、１本ずつ、お勧め映画を紹介しましょう。

- **思いっきり笑える映画　『サボテン・ブラザース』（ジョン・ランディス監督）**

三谷幸喜《こうき》さんも大好きだという、西部劇のパロディのようなコメディ。

- **思いっきり泣ける映画　『東京タワー～オカンとボクと、時々、オトン～』（松岡錠司《じょうじ》監督）**

リリー・フランキーさんの長編小説の映画版ですね。私は実際に劇場で観たのですが、なんと開演15分後くらいからずっと嗚咽《おえつ》していました。人生最高に泣いた映画です。

- **おまけ　思いっきり笑って泣ける映画　『おくりびと』（滝田洋二郎監督）**

本場アメリカの「第81回アカデミー賞外国語映画賞」も受賞している名作。冒頭から笑えて、最後は泣けます。才人、小山薫堂さんの脚本が冴えわたっています。

頭を空っぽにして映画を観ていると、突然、悩みの答えを見つけることもありますよ。

POINT

休みのときの「心のリフレッシュ」には、映画がお勧め！

チーム員を、さらに成長させるために

第4章では、「チームをまとめ、成長させる、リーダーの話し方」のお話をしました。

この章の最後に、掲げた目標を見事に達成したチーム員に対する、「チーム員をさらに成長させるための締め」の話をしたいと思います。

目標を達成すると、つい、「やった！　良かった！　おめでとう！　カンパーイ！」で終わってしまうものです。

でも、そこで、いったん**「どうして、達成できたのか？　何をやったのか？」**をチーム員本人に言語化してもらいましょう。まずは、自分でレビューさせて、最後にリーダーから、「ここがすごく良かった」という点を伝えてあげる。そして、**次に活かすために、メソッド化できる部分は、しっかりとメソッド化**する。

それによって、再現性が生まれます。

このひと手間が、チーム員の成長に、ひいては、チームの成長につながります。

単に、目標が達成できただけなら、実は、まぐれかもしれません。

まぐれで調子に乗ると、油断から足をすくわれます。

歴史を俯瞰してみると、興味深いことですが、過去の成功体験が今日の失敗体験につながっているということが、ままあります。

勝利したときこそ、目標を達成したときこそ、兜《かぶと》の緒を締める。


「目標達成おめでとう！　頑張っていたものな。素晴らしいよ。この成功が次に活きるように、記憶が新しいうちに、今回の成功要因についてまとめておこう。何をやったのが良かったと思う？　なぜうまくいったんだろう？　さらに、何を加えれば、次はさらにうまくいくと思う？　思ったことをリスト化してみよう！」

このひと言が、チーム員の成長につながります。

POINT

成功要因を語らせ、メソッド化して、次に活かせるようにする

column 4

騙《だま》されたと思って休んでみたら……

私が営業会社時代の体験です。

たぶん、私の世代（昭和53年生まれ）というのは、「休まずに働くことが美徳だ！」という最後の世代だと思います。

だから……というわけではありませんが、私は、キム社長の秘書だったときも、転職後の営業会社時代も、ずっと、ろくに休みを取らずに働き続けていました。

そんな私でしたが、営業会社時代に、ある月、ぱたりと売れなくなったことがあったんです。

とにかく、何をやっても売れない。

上旬が終わって、中旬に入っても、売上はゼロのまま。

さすがに焦りましたね。たとえるなら、シーズンが開幕しているのに、夏になってもノーヒットのままのプロ野球選手のような気分。

その会社では、各自の売上進捗《しんちょく》がオフィスのホワイトボードに掲示されていましたから、それを見た隣の部署の先輩が声をかけてくれました。

「浅川さん、どうしたの、今月？」

「いや、何をやってもでないんですよ。数字が。どうしたらいいんですかね……」

私がそう言うと、その先輩、こう言ったんです。

「行き詰まってるんじゃない？　ちょっと、何も考えないで、1日休んだら？　なんなら、一緒に箱根神社に行かない？」

正直、「えっ？　箱根？　神社って、神頼み？」って思いましたね。それに、売上ゼロなのに1日休むというのは怖かった。

でも、その先輩は、ずっと私を応援してくれていた方だったので、騙されたつもりで、「じゃあ、連れていってください」と話に乗って、行ってみたんです。箱根神社に……。

そうしたら……。

神社に行った翌日に、3件の契約が決まって、600万円の売上が!

その後も、月の後半だけで売上が伸びて……。

気がつけば、**その月、入社以来初めて、念願だった月間個人売上、全国トップになることができたん**です!

ウソのような本当の話。

もちろん、月の前半でやっていたことが、後半、一気に実を結んだということはあるでしょう。

でも、もし、先輩の言うことを聞かずに、1日休んで身心のリフレッシュをしていなかったら……。たぶん、月の後半も売れないままだったような気がするんです。

なぜ、そう思うかというと、あそこでリフレッシュせずに、そのまま突っ走っていたら、精神的にどんどん追い詰められてしまって、数字、数字、数字って、数字以外、何も見えなくなってしまっていたに違いないと思えるから……。

そんな、余裕のない営業は、売れませんよね。

この体験で、私は、仕事にメリハリをつけることでパフォーマンスが上がることや、ビジネスに行き詰まったとき、いったん、ビジネスから離れることの大切さを学ぶことができました。

私が、頑張りすぎて行き詰まっているチーム員に、「1日、仕事のことを忘れてみたら」って勧めるのは、この体験が大きいんです。

ちなみに……。

この体験以降、箱根神社は、私にとって、「ビジネスの勝負の神」になりました。

勝手に感謝し、毎年決まって1月に、欠かさずお参りに行っています。

そして、ときには、仕事に行き詰まっているチーム員に、「実は、すんごい秘策があるんだけど、聞きたい？」なんて言って、その存在を教えたりしています。

第5章

チームの
目標を達成させる、
リーダーの話し方

リーダーにとって最初の大仕事とは？

第5章は、「チームの目標を達成させる、リーダーの話し方」についてです。まずは、サッカー日本代表チームの元監督、岡田武史氏が講演会で話されていた言葉を紹介しましょう。

「監督にとって、もっとも重要な大仕事は、就任初日のミーティングだ」

岡田氏曰《いわ》く。

「初日のミーティングで、選手たちに、『うわっ、この監督だったらいけるかも』『このリーダーなら、自分たちの夢が叶《かな》うかも』と思わせることができるかが勝負」

そのためには、「とにかく、驚かさないといけない」。

自分は、監督として新しいチームを率いるときは、いつもそれを意識していたと。

この岡田氏の言葉、ガツンときました。

話を伺ったのは、もう15年近く前のことですが、この「**最初のミーティングでチーム員に夢を持ってもらう**」ということ。私はずっと意識しています。

最初のミーティングは、施政方針演説！

この、リーダーに就任して最初のミーティングでの言葉というのは、「自分がどんなチームを運営していきたいか」「それによって、世の中がどうなるのか」「それによって、あなたたちがどうなるのか」などを語る、政治家の施政方針演説みたいなものです。

「浅川というチームは、こういうチームです！」

「まず、最初の1カ月はこういうふうにやっていきます！」

「我々がこう動くことによって、会社はこうなるし、会社がこうなれば、世の中はこうなる！」

「それによって、あなたたちはこうなる！」

つまり、自分たちの頑張りが、世の中にこういう貢献をするんだということを伝えつつ、あなたたちの生活も確実に変わるということを伝えたい。

第1章で、「リーダーはビジョン（夢）を語れ」と言いましたよね。

就任最初の挨拶は、いきなりの正念場です。

ここで、ぜひ、器の大きいところを見せてください。

施政方針演説で失敗し、「今度のリーダーはショボいな。たいした器じゃないな」なんて思われたら、チームの目標達成もおぼつかなくなってしまいます。

ではここで、私が、営業会社時代の２００９年1月。福岡支店長に就任して、最初に全チーム員に送った所信表明のようなメールの文面を特別にご紹介しましょう。

当時はまだ30歳。今見ると、我ながら初々《ういうい》しい（笑）。

就任が決まって以来、ずっと考えていた福岡支店の未来へのビジョンが心のなかで爆発して、ものの30分くらいで書き上げたのを覚えています。

ちなみにこの月、福岡支店は、対前月比２３０％の売上を記録することができました。

POINT リーダー就任後、最初のミーティングは、腕の見せどころ！

福岡支店の皆さん、明けましておめでとうございます！

博多弁をこよなく愛する男、浅川です。

2009年は、結論から言って福岡支店の年となります。

みんなで盛り上がり、みんなで稼ぎ、そしてみんなで成功・飛躍の年にしていきましょう！

ちなみに、「4000万を3ヶ月連続で達成した場合アクロスへ戻れる」という
ステキな話が12月の出陣式で流れたという噂を耳にしました。

真偽のほどは追って確認しますが、

《4000万を3ヶ月やって福岡天神の象徴アクロスへ戻ろう！！》

を合言葉に、やっていきましょう！

■ 基本方針 ■
【能力開発を語ることが仕事ではなく、能力開発を自ら実践し挑戦することが仕事】
① 99%の人が無理だと諦めたことを、心から出来ると信じて挑戦していく
②“可能性”を見つける視点を常に持つ（ここから何を学べるか？　何が得られるか？）
③使命感を持った仕事をする（何のために目標達成をするのか!?）
④心の底から楽しんで仕事をする。ワクワクしている人に触れることでお客様はワクワクする。
→仕事にゲーム感覚を持つ。経験値を上げるために、“仮説と検証”を繰り返すこと
私たちの仕事は、お客様に商品説明を上手にすることではありません。

私たちの仕事は、お客様の心を動かし（背中を押し）、行動してもらうことです。


ちなみに、みんなで楽しんでワクワクして仕事をするために必要なこと。

それは、自主性を持つことと、信頼感を作り上げること。

環境は与えられるものではありません。

どんな環境でも、自ら学ぶ姿勢を持つことで、最高の学習の場となります。

また、その一歩一歩が自らの望む環境を作っていきます。

ぜひ、環境を自らで作るという強い体質で臨んでください。

そして、徹底的に自分の可能性を信じてください。

腹の底から信じてください。

更にそれだけでなく、メンバーを信じてください。

この時期に、○○という会社で、同じ支店で働けるという縁はものすごい確率のことです。

一緒に同じ目標を目指すのであれば、誰がかけても成り立ちません。

ぜひ、自分の可能性を信じるのと同じように、またはそれ以上にメンバーを信じてください。

福岡一家として盛り上げていきたいと思います。


15日までに1500万！！

100%達成優勝！！

浅川　智仁

福岡支店の支店長就任後、初めて全チーム員に送ったメールの文面の一部
（原文まま）

全員へのメールで、大きな方向づけを行なう

チームの目標を達成するためには、朝礼での話や、全チーム員あてのメールで、大きな方向づけをします。

リーダー就任後、最初の全チーム員への発信は、施政方針演説のようなものだとお話ししましたが、目標に向かってチームを導くためには、こうした施政方針演説のようなメールを定期的に発信するようにしてください。

会社によって最良のタイミングは異なるでしょうが、営業会社時代の私は、「今月はどういう方針でいくのか？」ということを、月初に全チーム員に発信していました。

「今月のテーマは風林火山だ！」とか、「今月のテーマは月末バブルにGOだ！」とか、なるべくチーム員の頭に残るように、キャッチフレーズを入れ込んでいましたね。

表現を変えると、私は、この**月初のメールは、「今月は、これを第一にいきますよ」という「その月の条件づけ」**だと思うんです。

たとえば、リーダーが次のような文面を全メンバーに送ったとします。

「今月は、なんとしても、数字を作らないといけない月です。申し訳ないけど、今月は数字だけにフォーカスさせてもらいます。ですから、数字にまつわるものに関しては、逐一、深く、細かく突っ込ませてもらいますので、そこは、覚悟しておいてください」

いかがですか?

こんな文面が届いたら、「いつもの月と違って、今月は、とにかく数字なんだな。リーダーのツッコミは厳しいんだな」と、そういう条件づけになりますよね。

ピーター・ドラッカーは、**「リーダーシップは、賢さに支えられるものではない。一貫性に支えられるものである」**という名言を残しています。

この一斉メールが、まさに、その「リーダーの一貫性」を保ってくれるわけです。

POINT

全チーム員へのメールは、リーダーからの「条件づけ」

チームの目標達成のために、忘れてはいけないこと

三谷幸喜さんが脚本を書いたNHKの大河ドラマ『真田丸』のなかに、忘れられないセリフがあります。

それは、堺雅人さん演じる主人公、真田信繁（幸村）のお父さん、真田昌幸が亡くなる直前に、「大将としての心得」を伝える場面でのこと。

草刈正雄さん演じる昌幸は、こんなことを言うのです。

「心得は1つ。軍勢を1つの塊《かたまり》と思うな。1人ひとりが生きておる。1人ひとりが思いを持っておる。それを、ゆめゆめ忘れるな」

この言葉、チームを目標へと導くリーダーへの戒《いまし》めとして至言だと思います。

リーダーの仕事は、チームを導き、チームとしての目標を達成することです。

しかし、チームを１つの塊だと思ってはいけない。

チーム全体の目標を達成するためには、やはり、１人ひとりのチーム員に目を向けることが必要なんです。

チーム全体の目標に対して、１人ひとりのチーム員は、何を為すべきなのか？

全体の目標を細分化して、チーム員の１人ひとりがやるべきことに落とし込み、「自分ごと」にしてもらう。

チームの目標が○○円なら、自分はいくら売ればいいのか？　スタッフなら、どう貢献すればいいのか？

「結局、私は、何をやったらいいの？」ということを、１人ひとりに対して明確にしてあげることが、チームを目標達成へと導くのです。

POINT

チーム全体の目標は、１人ひとりの目標達成の積み上げ

会社の理念を理解し、伝える

私は、ブライアン・トレーシーの「**優れたリーダーは、優れた部下である**」という言葉がすごく好きです。

組織に属している限り、リーダーであっても、同時に、部下でもあります。ですから、**価値あるリーダーになろうとするのであれば、組織に属してる以上、その組織の「理念」というものを理解するように努めるのは必須**なのです。

チーム員から、会社の「理念」について聞かれたときに、ちゃんと答えられないようでは、リーダー失格。

なぜって、**会社の理念とは、その会社に帰属する人たちが何を目指して動くのか、その行動のよりどころとなる「旗印」そのもの**だからです。リーダーが、その「旗印」について理解していなければ、自分のチームの「旗印」だって作ることができないのは道理ですよね。

リーダーは、会社の理念をチーム員たちの具体的な仕事に落とし込むためにも、会社の理念について、咀嚼《そしゃく》し、その本質を理解しなければなりません。

そのためには、たとえば、自社のトップが読んでいる本を読んでみるとか、社長からのメッセージを繰り返し読むとか、そういうことも必要だと思います。

会社の理念というものは、たとえば、「すべてのお客様を幸せにする」とか、割と抽象的なものも多いと思います。

そういう場合でも、じゃあ、この理念に鑑《かんが》みて、自分がリーダーをしているチームにとって、「お客様」って誰なのか？　そのお客様の「幸せ」って何なのか？　そういうことを**とことん考えて、定義して、チームの施策に変換**していってください。

「行動指針」も同じ。自社の「理念」と「行動指針」に合致していないお客様なら、場合によっては、こちらからお客様を選別することもありです。「理念」も「行動指針」も、それほど重要なものですから、リーダーとして、しっかりと理解してください。

リーダーは、「理念」「行動指針」をチームの施策に落とし込む

数字よりも、人を動かすもの

会社が利益を追求する存在である以上、目標として数字を掲げ、それに向かって活動をするのは当然のことです。

とはいえ、私は、**数字以上に人を動かすものがある**と思っています。

かつて、私も営業会社時代に、「ひたすらに数字を追いかけている時期」があって、その頃は、自分のデスクの目の前に、毎月の目標売上を掲示していました。

契約が取れると、その金額を引いて、新たな数字に貼り直す。

要は、目の前で、目標の数字のカウントダウンをしていたんですね。

これ、やりがいを感じると思いますか？

まあ、やる気につながったのかもしれませんが、正直、すごいストレスになっていました。

数字が減っていって、「あと、〇万円、あと、〇万円、あっ、今月は到達した！　あっ、今月は未達だった！」って、数字に振り回されていました。

それで、あるとき、「人にフォーカスしたほうがいい」ということを学んで、掲示を、売上数字から、契約人数に変えてみました。

目標の金額から自分自身の平均単価を考えて、まあ、月に10人の方から契約が取れれば達成できるかな、と。そう考えて、掲示を10人からのカウントダウンにしたんです。

気持ちとしては、毎月、10人のお客様に勇気と気づきと感動をご提供し、「浅川さん！　よろしくお願いします！　ありがとう！」と言われたら目標達成だと。

そうしたら……。

ストレスがグンと減ったんです。

あっ、お金から人にフォーカスするだけで、こんなに気持ちが変わるんだって。

私にとっては大きなブレイクスルーになりました。

数字を超えるもの

かつて、米米ＣＬＵＢのカールスモーキー石井さんが、『君がいるだけで』という曲で、その年、もっともCDシングルを売ったアーティストに与えられる「ゴールドディスク大賞」グランプリ・シングル賞を受賞したとき、その表彰のスピーチでこんな意味のことを言ったんです。

「（２７０万枚売れたということですが）２７０万枚という言い方ではなく、僕は２７０万人という言い方で、これを捉《とら》えたいと思います」

この言葉、私はすごく腑に落ちました。

営業が使うお客様のリストもそうです。

営業の電話って、ずっとやっていると、どんどん機械的になっていきます。

そこで、「リストに電話しているのではなく、人に電話をしているんだ」って思うと、違ってくる。売上目標を、**数字から、お客様の人数に変えた途端、そこに体温が感じられるようになる**んです。

ですから、私は、数字だけを語るリーダーにはなりたくない。

やはり、リーダーは「血の通った物語」を語れる人であってほしい。

「数字」に、「人の物語」がイメージされたとき、それは単なる「数字」ではなく、血の通った、感情がこもったものになります。

すると、ノルマという単なる機械的な言葉ではなく、感謝の連鎖や集合体に見えてくる。

ビジネスというのは、駅伝みたいなものだと思っています。

商品企画の人や、経理会計の人や、配送の人や、いろんな人たちがつないでくれた襷《たすき》をたまたま営業やフロントマンがアンカーとしてお客様につないでいるだけで、営業が利益を上げているわけではなくて、みんなでつないだ結果が数字になっている。私は、そういう話を、営業によく話していました。

襷をつなぐって、もう物語じゃないですか！

リーダーは、数字の裏にある物語をチーム員に語ってほしい。

それが、数字以上にチーム員を動かす。

それを忘れないでほしいと思います。

POINT

人は、「数字」よりも「体温が感じられる物語」で動く

たくさんの人たちを動かした言葉

前の項で、数字よりも「物語」によって人は動くというお話をしました。

ですから、リーダーは、物語を語る力を身につけなくてはなりません。

そのためにはどうしたらよいかというと、やはり、「たくさんの人たちを動かした先人の言葉」に学ぶこと。その言葉のストックを持つことがよいのではないかと思います。

私は、それを**「リーダーIQを高める」**と表現しています。

坂本龍馬も、数々の人たちに学んだことの「いいとこ取り」、つまり、リーダーIQを駆使して、彼の人生における集大成の国家ビジョン「船中八策」（新国家体制の基本方針案）を作っています。

では、ここで、短い言葉で物語を語り、たくさんの人たちの心を動かした先人のエピソードを2つ紹介しましょう。

1人目の主人公はロバート・ケネディ。ジョン・F・ケネディの弟ですね。

彼が大統領選挙の予備選の活動をしている最中に、キング牧師が暗殺され、黒人たちのあいだで、一気に「白人許すまじ！」という空気が広がりました。

タイミングが悪く、ロバートの遊説地は、黒人が多いインディアナポリス。当然、ボランティアスタッフたちは、「やめてくれ。殺される。いくら黒人のファンが多いロバートでも、今日はまずい」と、演説に向かおうとする彼を止めます。

それに対して、ロバートは、こう言ったんです。

「私は行く。命は使うためにあるんだ」

このひと言。シビれます。ロバートはこの言葉のとおり、演説に臨みます。そして、殺気立つ黒人たちを前に、こんな言葉で語りかけるんです。

「愛と勇気の使者。キング牧師が死んだ。白人に殺された。ただし、僕の家族も白人に殺されている」

この家族とは、もちろん兄のジョン・F・ケネディですね。ロバートは言葉を続けます。

「僕の兄も白人に殺された。だから白人とか黒人とかっていう争いをするのは、もうやめ

よう。お願いだから、今日は、みんな、黙って家に帰ってほしい。そして、キング牧師のために祈ってほしい」

たったそれだけを言って、ロバートは短い演説を終えます。彼が兄について話をしたのは、このときが唯一なのだそうです。

そうしたら、この地、インディアナポリスでは、黒人暴動が起きなかったんです。こんなにも短い言葉で、ロバートは、民衆の心をとらえた。私は、これが「物語」を語るということだと思うんです。

「物語」は、心を揺さぶる

短い言葉で物語を語り、たくさんの人たちの心を動かした先人のエピソード、2人目はバラク・オバマ前アメリカ大統領です。

言うまでもなく、アメリカ初の黒人大統領ですよね。

私が感銘を受けたのは、そのオバマさんが大統領選挙に勝利したときの勝利者演説。たしか、すごくラフな格好ででてきて、民衆を前に、こんなことを言ったんです。

「今日は、ある1人の黒人の老婦人の話をさせてほしい」

高らかな勝利宣言を聞けると思っていた聴衆たちは「ええーーっ」と驚きます。

そんななか、オバマ新大統領は言葉を続けます。

「その老婦人は、このアメリカの近現代史を、まさにその目で見てきた1人だ。あのキング牧師の公民権運動も見てきたし、黒人がずっと参政権すらない差別されてきた時代をずっと生きてきた。まさか、その彼女が自分の1票で、黒人の大統領を選べる日が来るなんていうことは、夢にも思っていなかっただろう。しかし、それが今日やってきた。Yes, We can.」

聞いていた人たちは、もう、みんな泣いていました。

歴史に残る、「たくさんの人たちの心を動かした短い言葉」の例を2つ紹介しました。

たとえ短い言葉であっても、そこに「物語」があれば、多くの人たちの心を動かすことができる。

あなたも、ぜひ、先人の言葉に学び、リーダーIQを高めてください。

POINT
短い言葉であっても、「物語」は人の心を動かす

目標達成へ拍車をかける言葉

チームの目標達成へ向けての追い込み、ここを乗り切れるかどうかが勝負の分かれ目。

そんな正念場では、チーム員にどんな言葉をかければよいのでしょう？

私は、そんな場面では、朝礼やメールで、チーム員の行動へ拍車をかけるための檄《げき》を飛ばします。

ではここで、私が、かつて、実際にチーム員たちへ送ったメッセージをそのままご紹介しましょう。

◎正念場でチーム員に送ったメッセージ1

〈なぜ、我々は目標数字を達成しなければいけないのか？

自分の売上や給料のため？　もちろん、それもある！

きれいごとではなく、数字を作らなければ会社は続かない。

ただ、それだけが本当の理由ではないと僕は思っている。

なぜ、我々は目標を達成しなければいけないのか。

今まで我々を信じてくれたお客様に、「やっぱり信じて良かった」と改めて実感していただくために、僕らは目標を達成しなければいけないと信じている。

プロとは目標を達成させる人。少なくとも、最後の最後まで、目標達成のために取り組み続ける人。

お客様は、そんなプロと取引したいでしょ！　そんなプロと取引したことを喜んでくれるはず。

過去に我々を信じてくださったお客様を、僕らは裏切ってはいけない。

だからこそ、目標を達成しなければいけないんだよ！〉

◎正念場でチーム員に送ったメッセージ2

〈僕の大好きな『論語』の、一番大好きな言葉に、こういうものがある。

「これを知る者は、これを好む者に如《し》かず。これを好む者は、これを楽しむ者に如かず」

あとは、楽しむことだ!!!　全力で楽しんで仕事をしていこう!!!〉

◎正念場でチーム員に送ったメッセージ3

〈みんなが懸命にやっていることは知っているから。
それでこの結果は受け入れるしかない。
今月残り3日、「売ろう」という気持ちは捨てていい！
楽しんで伝えていこう！
楽しんで「伝える」ことを最終3日、取り組んでいこう！
全国一、楽しんでやろう！
信じているから！〉

こうやって、過去のメッセージを自分で見ると、どうも私は、正念場では、「最後の最後は楽しんでやろう！」ということを訴えていますね。

このほかにも、「仕事への取り組み姿勢」について、メッセージを送ることもあります。

◎仕事に取り組む姿勢についてのメッセージ1

〈ここ（オフィス）は、ミュージシャンにとってはステージだ。役者にとっては舞台だ！

お客様が、実際に隣に座って見ていると思って仕事しよう！

それがプロだよ！〉

◎仕事に取り組む姿勢についてのメッセージ2

〈セールスにおいてプレゼンとは、ドクターにおけるオペルーム（手術室）のようなもの。

何度も何度もオペルームに来てもらうことは、クランケ（患者）にとって危険なことであり、1時間かけるよりも、59分でオペが終わるほうがクランケの危険は少なくなる。

プロとして、1秒でも短く、1回でも少なくお客様を導くのが最高のセールスだ！〉

チームの目標達成に向けてのメッセージ。あなたなりの「思い」を発信してください。

目標達成の正念場には、言霊《ことだま》を発信する

本当の「ポジティブ思考」とは

よく、「苦しいときこそ、ポジティブ思考で明るくいこう！」という言葉を耳にします。

この言葉を聞くと、私はいつも、「そのポジティブって、少し間違えているんじゃない？」って思うんです。

どうも、そういうことを言っている人って、「ポジティブ思考」について、「苦しくて、にっちもさっちもいかないときでも、明るく元気にいこう」って、「何でもかんでも明るく捉《とら》えろ」と、そんな解釈をしているように思えるのです。

でも、それでは、ただのやぶれかぶれの玉砕思考です。そんな考えでは、目標達成なんてできません。私は、この、単に「明るくいこう！」というだけのポジティブを「**空《から》ポジティブ**」と呼んでいます。

本当の「ポジティブ思考」は、そんな単純なものではありません。

もっと慎重で奥深くて、建設的。そして、逆境のときに力を発揮するものです。

たとえば、成功のオッズ（確率）が2対8だとしたら、本当の「ポジティブ思考」を持っている人は挑戦しません。これに挑戦してしまうのは、玉砕思考。

ポジティブ思考では、2対8では挑戦しない。そして、絶望もしない。

諦めずに、なんとか成功のオッズを3対7にする努力をするんです。2対8の2のほうの確率を、3や4に上げていくという努力を前向きに続ける。

そうやって成功確率を上げていって、オッズが6対4とか7対3になった時点で、やっと「よし、行くぜ！」と。このプロセスが本当のポジティブ思考であり、楽天主義です。

なんでもかんでも、「いいから、前向きにやろうぜ」とか、「失敗したって、学びだ、学びだ」とか、「厄落《やく》としに、飲みに行こう！」って、それはポジティブ思考でも何でもない。

「目標に向かって、前向きに未来を見ながら一緒に考えていこう」が、本当のポジティブ思考だということを忘れないでほしいと思います。

POINT

本当の「ポジティブ思考」は、前向きなネバー・ギブアップ

コロナ禍でのリーダーの言葉

「リーダーの言葉」についてお話ししてきた本書も、いよいよ終わりに近づいてきました。

リーダーになったら、チーム員に何を話すべきか？

いかにしてチーム員の心をつかみ、やる気になってもらうか？

チーム員に自信を持ってもらい、彼らを成長させ、チームの目標を達成するためには、何を語ればよいのか？

伝わりましたでしょうか？


2020年は、世界中のリーダーが、予期せぬ大敵、新型コロナウイルスの脅威に直面した年でした。

本書のリーダーの言葉の集大成というわけではありませんが、「**本当に苦しいときのリ**

ーダーの言葉、行動の例」として、私がコロナ禍に際してチーム員に発信した言葉、そして、行なったことをお話ししたいと思います。

禍《わざわい》に対して、マウンティング！

コロナ禍では、営業が外回りできない、研修やセミナーが開催できないなど、これまでに経験したことがない事態になり、チーム員の不安が増大していました。

なので、私は、「**命まで取られるわけじゃないよね。ほんの80年前、僕らのおじいちゃんやひいおじいちゃんたちは、紙切れ1枚で、命を取られるかもしれない戦地に行かなければならない時代だった。それに比べたらどうってことないよね**」なんていう話をしました。これ、時間のベクトルの大きい話です。

あと、先人の言葉を借りて、こんな話もしました。

「**明けない夜はない！　ただ、夜明けが、いつになるのかは、申し訳ないけれど、正直わからない。でも、明けない夜はない！　人類が、これまでにあらゆる困難を乗り越えてきたのは、これはもう事実。だから明けない夜はない！　それを信じて、やっていくしかない**」

3月頭、チーム員を安心させるために、優雅にこんなことも言いました。

「少なくとも、10月までは、仮に売上がゼロだとしても、今みんなに与えられていることを変えなくても会社はつぶれない。だから、今、みんなにお願いしたいのは、目先のことではなくて、10月以降、売上を作れるように仕掛けをしてほしい。今は、10月以降の数字について、何ができるか一緒に考えよう」

こう伝えながら、チーム員に見えないところで資金繰りを計算し、内心はヒヤヒヤしていたんですが、そんなそぶりはこれっぽっちも見せず、優雅に「未来への種蒔き」を指示しました。

緊急事態宣言下では、リーダーとして守るべきものは、メンバーの健康状態と経済状況であると考えて、「給料はこれまでどおりに出すから、とにかく、出社しないでくれ」と伝えました。

そして、その**リモート期間中に、「哲学の時間」と称する社内勉強会を開催。週に1回120分かけて、みんなで、カミュの『ペスト』を50ページずつ読んでオンラインでのディスカッションを行ないました。**もともとは、私がこの小説について話して、メンバーたちから読んでみたいという声が上がったのがきっかけ。私が歴史と哲学への思いが強かったことから、「じゃあ、コロナ禍の本質を知るために、伝染病の歴史を学び、哲学的なディスカッションをする時間にしよう」ということで、実施したのです。

これは、いわば**「行き詰まったときは、仕事を離れる」の実践**ですね。

やったのは6月下旬くらいまででしたが、過去に、人類が遭遇した伝染病との闘いの顚《てん》末《まつ》を知ることで、チーム員たちの長期的視野がすごく広がったように思います。

そして、敵を知ることで、ある意味、マウンティングができて、私自身も含めて、パニックゾーンに入るのを防ぐことができたと思います。

いかがですか？

本書でお伝えしてきたことに基づいて対応していること、伝わりましたでしょうか？

苦しいときこそ、優雅にふるまい、ベクトルの大きな時間と空間の話をする。

この原則が、こんなに活かされた年はなかったように思います。

POINT

ピンチをチャンスに変えられるかは、リーダーの言葉次第！

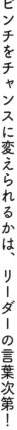

リーダー最後の大仕事

リーダーにとって最後の大仕事。

それは、次のリーダーを育てることではないでしょうか？

「金を残すは三流、名を残すは二流、人を残すは一流」という野村克也氏の座右の銘、聞いたことありませんか？　私は、**真のリーダーは、自分を超える存在を作れる人**だと思っています。

この「次のリーダーを育てるもの」もまた、リーダーの言葉です。

「次のリーダーの器」を見つけたら、言葉の端々に、**「いずれ、君がリーダーになるんだから」「いずれ君は、人を束ねなきゃならないんだから」**と、そんな言葉を入れ込んで自覚してもらうようにします。もちろん、本人にその気があるのかは確認します。そして、その気があるという同意が得られたら、ときには少し厳しいことも言います。

「目指すところが高ければ、求められるものもおのずと高くなる。だからこそ、それに見合う厳しさで向き合わせてもらうけど、大丈夫だよね？　正直、他の人よりも厳しく向き合わせてもらうからね。一緒に、頑張ろう」

「少し厳しい話をするよ。将来はリーダーになる君にとって、今日の行動は未来につながっていると思う？　未来のリーダーにつながる行動って何だろうね？　○○君ならできると信じているよ」

人を育てるためには、ずっと「自分にしかできない」と思って、自分でやってきた仕事も、勇気を持って引き継ぐことが必要です。

大丈夫！　最初はもどかしく感じられるかもしれませんが、すぐに、期待以上に頑張ってくれて、リーダーに成長してくれるものです！

POINT

次のリーダーを育てるのも、リーダーの醍醐味《だいごみ》！

column 5

ある若者からの電話

それは、私が2冊目の本を出した直後の、2014年のある日のこと。
会社に、1人の若者から電話がありました。
最初は秘書が出たんです。
「代表と、どうしてもお話がしたいと言っています」
聞けば、相手の若者は21歳。
「僕はもう、人生を諦めて、自殺を考えていた」と……。
いつもなら突然の電話には出ないのですが、つないでもらいました。

その若者。派遣社員として働いていたけれど、人生に希望を失ってしまった。
死のうと思い、最後の旅として京都に行ったんだそうです。

その旅の途中、バスの待ち時間に何の気なしに近くにあった書店に寄ったときに、たまたま、私が書いた2冊目の本、『フリーターだったボクを年収10倍に導いた101の言葉』（廣済堂出版）が目に入って、手に取った。ページをパラパラめくったら、感動して、購入し、一気に読み終えたと。

そして、自分と同じくらいの年齢のときに、自分よりももっとひどい状況に陥っていた私の体験を読んで、生きる気力が湧いてきたと。

彼は、こう言っていました。

「浅川さんにお礼が言いたい。僕にも、目標ができました。『浅川さんと同じように、目の前の人を勇気づけるような仕事ができる自分になる』というものです。10年でそれを叶えます。そして、会いに行きます」

私は彼の言葉を聞いて、こう答えました。

「素晴らしいね。感動した」

「そのうえで、すごく冷めた言い方をするけれど、とてもしんどい10年になると思うよ。

目標が高ければ、取り組むことにも高いレベルが求められる。周りからは批判されたり、そんなことできるわけないだろうと、馬鹿にされたりするかもしれない。それは大丈夫そう？」

「しんどい思いをする価値はあると思うから、ぜひ、10年間、頑張ろうね。僕も会社がつぶれないように、胸を張って会えるように頑張るから」

私は、このときの若者との電話について、朝礼で何度か話をしています。

私たちの仕事は、成長したいと思っている人たちの力になり、幸せになるお手伝いをすることです。

いわば、電話をくれた彼のような人たちを後押しするために存在している。

「僕らは、やっぱり、この仕事をやり続けなければいけない。（電話をくれた彼のように）連絡をくれる方はほんの一部で、連絡をくれないまでも、僕たちのことを見てくれている人たちが、この世の中に何人かでもいるとしたら、その方々に恥じない生き方をしなきゃいけない」

第5章のなかで、「目標達成へ拍車をかける言葉」として、「今まで我々を信じてくれたお客様に、『やっぱり信じて良かった』と改めて実感していただくために、僕らは目標を達成しなければいけないと信じている」という言葉を紹介しましたよね。

会社が、社会に存在するかぎり、なんらかの形で、世の中の人たちの役に立っているはずです。

つまり、**会社は、誰かの幸せのために、誰かに貢献するために存在している。**

ですから、リーダーは、会社が存在する理由、価値、信念、ビジョン、そして、組織に所属する者としての生き方、生き様、あり方……。

そんなものを言葉に乗せてチーム員に伝えてほしい。

そう思っています。

私はずっと、彼と会える日を楽しみにしています。

おわりに　リーダーは、人生を何倍にも濃くできる幸せな存在

最後まで読んでいただき、ありがとうございました！

今、こうして、「リーダーの話し方」をテーマにした本を書き上げて思うこと。

それは、やはり、**「リーダーになるということは、自分を磨く修行」**だということです。

チーム員への伝え方とか、やる気にさせる言葉とか、そういうことに悩み、学び、実践する。そんなことを通して、苦しんだり喜んだりしながら、自分が磨かれていくのです。

私にとって、「リーダーというものは？」という考えの原点。

それは、プロローグでお話しした、私の父の叔父さんが、父に贈ってくれた言葉。

「リーダーとは、やりたくてもできないものだが、やりたくなくても、やらなければいけないものだ」

私は、リーダーを志《こころざ》せる人は、一部の人だと思っています。

そして、志したからといって、実際に神輿《みこし》の上にかついでもらえる人はまた、さらにその一部。

ということは、リーダーの話し方に悩んで、この本を手に取られたあなたは、もうすでに、「選ばれた人」なんです。

あとは、その選ばれた環境や状況を、どれだけいつくしめるか？

どれだけ有り難いものだと思えるか？

どれだけ当たり前のものじゃないと思えるかによって、おそらく長い年月のあいだに、大きな差となってあらわれてくるはずです。

まず、「リーダーというものを志せた自分」を愛《いと》おしんでください。

その状況を与えていただけたことに対して、感謝してください。

そして、リーダーとして、自分の命をどう使うかについて、深く考えてください。

自分がリーダーであることは当たり前で、人は使うもので、自分で何もかも全部やりたい……そんなふうに思ってしまうと、たいへんなことになってしまいます。

リーダーは、チーム員の人生の分岐点に、もしかしたら何かしらのインパクトを与えてしまうことがあるかもしれないのです。

そういう覚悟を持って臨んでほしい。

せっかく、幸運にして、リーダーとして過ごす環境が与えられたのであれば、存分に命を使って、目の前の素晴らしい仲間とともに、価値あるものを創造してください。

やはり、**自分1人で成し遂げられるものと、仲間がいて成し遂げられるもの、得られるものとでは、物語の大きさも数も圧倒的に違う**んです。


私は、これまでに社員の結婚式を2回経験しています。さらに、社員のお父さんのお葬式も1回経験しました。

そのとき、まるで、自分の兄弟が結婚するかのように嬉しかったし、自分の親が亡くなったかのように悲しかったんです。

そのときに思いました。

「**あっ、自分とともに、一定の時間、同じ目標に向かって、命の時間を燃やしたチーム員は、自分にとってはもう家族であり、体の一部のような存在になっているんだな……。自分は、リーダーという立場になったことで、決して1人では得られなかった喜び、1人で**

は得られなかった悲しみ、そして、1人では得られなかった悔しさや達成感というものを体感できているんだな」

そして、感動しました。

「**リーダーっていうのは、なんて素晴らしいんだろう！**」

もちろん、社会への責任、お客様への責任、チーム員やそのご家族の生活に対する責任、そんなものを背負って苦しいことも多いけれど、得られるものもすごく多いんだなと。

だからこそ、リーダーは、自分と向き合わなければいけないし、苦痛や苦労は、当たり前の代償だと思ってほしい。

それを乗り越えようとしていくプロセスのなかで、**仲間の人生の幸せを、同じレベルで感じられるというのは、リーダーにしか味わえないご褒美**なんです。

リーダーは、自分の人生を何倍にも濃くできる幸せな存在です。

どうか、その幸せを味わい尽くしてください。

浅川智仁

〈著者略歴〉

浅川智仁（あさかわ・ともひと）

ライフデザインパートナーズ株式会社代表取締役。営業コンサルタント。モチベーター。1978年山梨県生まれ。早稲田大学卒。

世界最大級の能力開発企業で、入社２年で年間トップセールスを獲得。のべ109人の部下を預かるプレイングマネージャー、支店長を歴任。着任初月に対前月比230％の売上実現や、支店メンバーを全国トップのセールスパーソンに育てるなど、リーダーとしても多くの実績を持つ。

2009年に営業コンサルタントとして独立。専門である成功哲学をベースに、脳機能科学などの要素も積極的に取り入れた独自のセールスメソッドを開発。上場企業などでも研修を多く行い、11,000人以上のビジネスパーソンや経営者の成績アップに貢献している。

2010年８月には『The Japan Times』が選ぶ「アジアを代表する次世代の経営者100人 2010」に選出。

主な著書は『お金と心を動かす会話術』（かんき出版）、『できる人は、３分話せば好かれる』（三笠書房）など。

できるリーダーは、こう話す

2021年１月７日　第１版第１刷発行

著　者　浅川智仁
発行者　後藤淳一
発行所　株式会社ＰＨＰ研究所

東京本部　〒135-8137　江東区豊洲5-6-52
第二制作部　☎03-3520-9619（編集）
普及部　☎03-3520-9630（販売）
京都本部　〒601-8411　京都市南区西九条北ノ内町11

PHP INTERFACE　https://www.php.co.jp/

制作協力
組　版　株式会社PHPエディターズ・グループ
印刷所　大日本印刷株式会社
製本所　東京美術紙工協業組合

　ISBN978-4-569-84833-4

PHPの本

Amazonで12年間働いた僕が学んだ未来の仕事術

パク・ジョンジュン 著／藤田麗子 訳

米国本社で、開発からマーケティングまで8部署を経験。アマゾンの驚異的な成長を可能にした、人材、仕組み、仕事の進め方を明かす！

定価 本体一、六〇〇円（税別）

PHPの本

ニュースの「疑問」が、ひと目でわかる座標軸

世界の今を読み解く「政治思想マトリックス」

茂木　誠　著

対立する世界の構図が見るだけでわかる！　駿台予備校カリスマ講師の「学校では教えてくれない」現代史の読み解き方。

定価　本体一、五五〇円（税別）